SAGGIO

SONda

SAGGI

1. **Giulio Castagnoli,** *Le forme della musica*
2. **Andrea Riscassi,** *Anna è viva*
3. **Annamaria Manzoni,** *In direzione contraria*
4. **Tom Regan,** *Gabbie vuote*
5. **Francesca Cantaro e Giacomo Guastalla,** *Il segreto della* PNL
6. **Moreno Gentili,** *L'inferno dentro*
7. **Luciana Baroni,** *VegPyramid*
8. **Silvana Mossano,** *Malapolvere*
9. **Danilo Dolci,** *Dal trasmettere al comunicare*
10. **Daniele Novara,** *La grammatica dei conflitti*
11. **Bernard E. Rollin,** *Il lamento inascoltato*
12. **Maurizio Parodi,** *Basta compiti!*
13. **Manfred Lütz,** *Ma siamo tutti pazzi?*
14. **Carlo Consiglio,** *Divieto di caccia*
15. **Melanie Joy,** *Perché amiamo i cani, mangiamo i maiali e indossiamo le mucche*
16. **Leonardo Pinelli, Ilaria Fasan e Luciana Baroni,** *VegPyramid_Junior*
17. **Fabio Rondot,** *Apprendere: istruzioni per l'uso*
18. **Maurizio Parodi,** *Gli adulti sono bambini andati a male*
19. **Leonardo Caffo,** *Il maiale non fa la rivoluzione*
20. **Silvana Mossano e Laura Curino,** *Malapolvere*
21. **Jessica Valenti,** *Perché avere figli?*
22. **Neal D. Barnard,** *Super cibi per la mente*
23. **Fausto de Lalla,** *Malamedicina*
24. **Paolo De Benedetti con Maurizio Scordino,** *In Paradiso ad attenderci*
25. **Fabio Rondot,** *Dalle competenze al competenziare*
26. **Richard O'Barry,** *Dietro il sorriso dei delfini*
27. **Annamaria Manzoni,** *Sulla cattiva strada*
28. **Roberto Marchesini,** *Contro i diritti degli animali?*

Roberto Marchesini

CONTRO I DIRITTI DEGLI ANIMALI?

Proposta per un antispecismo postumanista

SONDA

Prima edizione: maggio 2014

ISBN 978 88 7106 735 3

EDIZIONI SONDA
....
corso Indipendenza 63
15033 Casale Monferrato (Al)
Tel. 0142 461516 – Fax 0142 461523
E-mail: sonda@sonda.it
Web: www.sonda.it

INDICE

INTRODUZIONE

In questi ultimi anni lo specismo, come argomento di dibattito, o come contro termine verso cui disporre una proposta o un movimento volto a criticarne i principi, ha ricevuto una forte attenzione, seppur non sempre in modo coerente e appropriato. Ragionare di specismo è diventato quasi un prolegomeno filosofico o un nodo problematico di base, confermando per certi versi l'espressione testamentaria di Jacques Derrida, che ci ha consegnato tale argomento quale questione filosofica del futuro[1]. Senza dubbio si tratta di un tema spinoso, capace di stimolare più la polemica accesa che il confronto pacato - anche perché il suo essere ricco di sfumature lo rende volano di polarizzazioni - cosicché quello che si è potuto rilevare in questi ultimi anni è una tendenza alla frammentazione più che un movimento culturale riconoscibile nel segno della critica allo specismo.

In altre parole la stigmatizzazione dello specismo, quale pregiudizio da porre in mora, non solo ha mosso la suscettibilità di chi, al contrario, ritiene legittima la disgiunzione dell'essere umano rispetto alle altre specie - sotto il profilo ontologico ed etico - ma altresì ha deflagrato, all'interno della vasta galassia che animalista o antispecista voglia dirsi, una pluralità di posizioni in antitesi tra loro e che cercheremo di ripercorrere, seppur brevemente, nelle pagine che seguiranno.

Questi sono i motivi che mi portano ad affrontare tale tema in una modalità che, mi auguro, sia il più equilibrata possibile, nella speranza di vedere sempre di più trasformate quelle isole, che oggi sono in peloponnesiaca lotta tra loro, in un arcipelago capace di rendere la pluralità in ricchezza e di far emergere uno stile, ancor più che una singola proposta, che sia riconoscibile perché frutto di condivisioni. Ritengo al riguardo che le diverse posizioni in realtà siano ciascuna portatrice di un dettato di verità - non ho volutamente detto «una parte di verità» - esito della particolare prospettiva adottata. Per questo (forse pecco d'ingenuità) ritengo che ogni esposizione mantenga una specifica utilità sia per comprendere il fenomeno sia per individuare delle strategie. Ma per raggiungere tale obiettivo è indispensabile stanare le incongruenze e le incoerenze che ancora si nascondono nelle maglie di un dibattito che pretende di sospendere l'antropocentrismo rimanendo all'interno di una cornice umanistica. A mio parere il problema di tante incomprensioni, ma altresì di una certa evanescenza della critica antispecista, sta proprio all'interno di detto paradigma culturale che ha nell'antropocentrismo il proprio fondamento teoretico e i propri presupposti.

Il mio saggio, pertanto, si soffermerà proprio su queste zone d'ombra, non per entrare in polemica - in questi anni ho imparato ad apprezzare tutte le prospettive, giacché ritengo che la critica allo specismo chieda di affrontare il problema agendo in diverse direzioni - bensì per mostrare come il paradigma umanistico, con le sue serrature e i suoi dispositivi di resilienza, porti a disarmare e a creare inevitabili *cul-de-sac* in qualunque proposta che pretenda di criticare lo specismo mantenendo in piedi il castello umanistico.

Il mio contributo per una critica allo specismo vuole essere prima di tutto critica del paradigma umanistico, ovvero una proposizione di una filosofia postumanistica che sia liberazione dell'animale non umano dallo sfondo-palcoscenico dove l'umanismo l'ha inchiodato, prenderà solo in considerazione i contenuti specistici dell'umanismo. Il mio intento pertanto è quello di aggiungere al dibattito una nuova prospettiva, senza con questo voler negare l'importanza di altre ricerche di natura storica, sociale o psicologica capaci di andare a far emergere altre condizioni o altri spazi del possibile capaci di favorire e sostenere germi di specismo.

Il compito che mi pongo in questo saggio è pertanto individuare le radici speciste dell'umanismo, andando alla ricerca dei presupposti e delle conseguenze discriminative che la filosofia umanista mette in campo proprio nella definizione di un'ontologia umana ideologicamente antropocentrica. Ovviamente per fare questo dovrò passare in rassegna altre forme di antropocentrismo e discutere di retaggi specisti con cui l'umanismo si è trovato a dover fare i conti confermandoli o mutandone l'accezione. Come ho detto, antropocentrismo non implica sempre specismo, nelle specifiche suesposte, così come il superamento della centralità di *anthropos* non necessariamente conduce a una messa in mora dello specismo, per cui ritengo corretto analizzare questi due concetti separatamente, seppur sottolineando di volta in volta i nessi e i rapporti causali o correlativi. Ritengo inoltre che si debba tener distinta l'analisi dello specismo, nella sua pluralità sopra evidenziata, dalla discussione sull'antispecismo o dalla proposta antispecista, che implica altre considerazioni sia di ordine strategico e sociale sia di ordine filosofico. In questo saggio mi limiterò a esaminare lo specismo umanistico più che formulare una proposta antispecista, al più mostrando per sommi capi come il passaggio a una filosofia postumanista possa risolvere molti dei nodi discriminativi che caratterizzano l'ideologia antropocentrica espressa nel manifesto pichiano.

1.
A PROPOSITO DI SPECISMO

Ritengo che l'umanismo è la forma più estrema di antropocentrismo, ponendo l'uomo come entità pura e autopoietica (che si genera in maniera autoreferenziale), misura e sussunzione del mondo, e parimenti tracciando per l'essere umano un'ontopoiesi disgiuntiva rispetto a tutti gli altri animali. Per tale motivo parlo di «radici umanistiche dello specismo», dove non è possibile mettere sotto scacco le sue espressioni vegetative, poiché - come l'Idra di Lerna - esse saranno sempre in grado di germogliare nuove forme di specismo.

PER INIZIARE, UN PO' DI STORIA

Innanzitutto soffermiamoci sul termine, coniato nel 1970 dallo psicologo britannico Richard Ryder[2], in analogia al razzismo e al sessismo, quale discriminazione, nelle prassi consuete, degli individui non umani. La parola-concetto rimarcata da Ryder segue o dà significato esplicito a quelle discussioni che dalla metà degli anni Sessanta hanno iniziato a denunciare certe pratiche, in esito soprattutto allo sviluppo tecnico-scientifico e all'industrializzazione, vessatorie (a esser miti nel giudizio) nei confronti delle altre specie. Mi riferisco a saggi come *Animal Machine* di Ruth Harrison[3] o *Silent Spring* di Rachel Carson[4], saggi che poi negli anni Settanta inaugureranno il *Leitmotiv* del libro bianco[5]. Al riguardo, esemplare sarà *Imperatrice nuda* di Hans Ruesch[6], vero e proprio manifesto dell'antivivisezionismo[7].

In questi anni l'attenzione si è concentrata su particolari prassi, quali l'utilizzo delle pellicce o la vivisezione; ci si batte contro attività precise e ben identificabili più che impegnarsi per dare un'organizzazione coerente al dibattito sullo sfruttamento degli animali o una dimensione etica che riconsideri tali pratiche. Ancora non si utilizza l'epiteto di «specista» per stigmatizzare il maltrattatore e non si trova incoerente il manifestare contro le pellicce e poi banchettare con un filetto al sangue. Sconosciuto a questi animalisti *in nuce* è lo stesso Ryder, che troverà fama e onor di conio solo allorché Peter Singer lo citerà nel suo saggio *Animal Liberation*[8]. Ma, perlomeno per la realtà italiana, dovrà trascorrere una dozzina d'anni. Per ora chi si batte contro il maltrattamento degli animali è confinato tra l'amore pietistico della zoofilia - tutta ad «abbracci e lacrime» - e l'estetica dell'orrore.

Solo nel decennio successivo matureranno le occasioni per dare un respiro più ampio alla cosiddetta «questione animale», anche attraverso lo sviluppo di quel laboratorio transdisciplinare inaugurato dalla bioetica di Van Potter[9]. Sono gli anni della contestazione contro le politiche imperialiste, della rivoluzione ecologica in nome di un ritorno alla natura e di una messa al bando di tutto ciò che minaccia le risorse del pianeta, dello sviluppo del pensiero della complessità e della valutazione sistemica dei processi e degli equilibri. Si parla di attenzione verso nuovi possibili pazienti morali, quali le future generazioni o la Terra stessa, impersonificata in Gaia[10]. È in questo contesto che viene a emergere una discussione più articolata sul rapporto tra l'uomo e le altre specie. Insomma, la filosofia morale è pronta per fagocitare tutto il dibattito e d'ora in avanti si affronterà il problema in modo analitico, nascondendo dietro il banco (quasi vergognandosene) sia l'amore verso gli animali che l'iconografia stile Carpenter. Anche se ovviamente tale apparato iconico resta sempre pronto per essere sbandierato all'occorrenza: le origini non sono facili da dimenticare.

In particolare, è con Peter Singer che il dibattito sullo specismo si snoda in precise argomentazioni circa il suo carattere pregiudizievole e tautologico[11], smontando i tre argomenti giustificativi solitamente adottati che vedono lo specismo come:

a) Normale comportamento della natura e dei processi di competizione e selezione tra le specie.

b) Attribuzione dello status di paziente morale solo ai soggetti raziocinanti e quindi capaci di azione morale.

c) Elezione naturale, accordata per vicinanza o per simpatia ai membri della propria specie.

Si tratta di analizzare compiutamente queste affermazioni, apparentemente fondate, per mostrarne le falle attraverso operazioni dialettiche complesse, come il riferirsi all'argomento dei cosiddetti «casi marginali» (come i neonati e le persone affette da certi tipi di malattia mentale) o altresì mostrando la schizofrenia di parlare di condizione umana e di forbice humeana e poi cercare un fondamento in una generica condizione naturale[12].

Il dibattito sviluppatosi negli anni Ottanta del secolo scorso ha mostrato l'insussistenza di queste tre argomentazioni giustificative, ma per fare ciò e confrontandosi nell'agone soprattutto della filosofia analitica, inevitabilmente si è trovato perimetrato nel campo dell'etica, trasformando il problema dello specismo in un ragionamento da affrontare nei termini dettati da un certo paradigma. Specismo e antropocentrismo vengono così a collidere da un punto di vista concettuale ed entrambi richiamano più delle considerazioni sui valori che delle sistemiche sociali basate su specifiche prassi, trasformando queste ultime quali conseguenze di un'ideologia da superare.

Oggi, leggendo questi testi, pur riconoscendone il portato rivoluzionario, non si può non provare un senso di discronia. Perché? Si tratta dell'interrogativo che motiva questo libro, vale a dire il cercare di comprendere se ha ancora senso porre la questione dello specismo nei termini tradizionali, ovvero quelli che hanno caratterizzato la critica e la proposta di fine secolo.

Senza voler fare una storia del movimento[13], è tuttavia indispensabile stilare una genealogia minima del concetto. Nell'ultimo decennio del Novecento la questione animale va connotandosi nei termini di *liberazione animale* mentre l'animalismo entra da protagonista nel dibattito, dando vita a una serie di *Leitmotiv* incentrati su alcuni temi portanti:

a) L'animale non umano come «paziente morale», onde stabilire i termini di questa sua condizione, per esempio il carattere di «senzienza» piuttosto che la titolarità biografico-esistenziale.

b) Gli «interessi dei non umani», in considerazione di predicati condivisi di base, quali per esempio quelli esplicitati nel *Brambell Report* del 1965, definiti anche come *welfare*, o più incisivamente in termini di diritti inalienabili[14].

c) Le restrizioni o gli obblighi proattivi nei confronti degli eterospecifici e di conseguenza le prescrizioni sul singolo o la promozione di nuove norme conformi a esse.

Se consideriamo l'approccio seguito non possiamo non notare una certa prevalenza dell'etica individuale (il rispetto dei non umani come dettato verso cui deve conformarsi il singolo, cercando di perfezionare il proprio stato di coerenza) e della moralità ristretta (l'obbligo come astensione dal fare certe attività, fino alla concezione estrema di liberazione dell'eterospecifico dall'interazione con l'essere umano). Quali considerazioni possiamo fare in merito a questo? Innanzitutto che si viene a sviluppare una certa tendenza a considerare la questione animale in termini etici o di discussione sull'ideologia specista, mettendo in ombra tutte le altre focali di indagine e di interpretazione, per esempio le circostanze storiche e le organizzazioni sociali che hanno fatto emergere prassi di sfruttamento degli animali. Come secondo aspetto, il fatto stesso di misurare lo specismo in termini di condotta individuale porta a concentrarsi più sull'etica privata della persona che sulle ricadute generali delle prassi, con il risultato di far emergere il prototipo di animalista, interamente basato sulla coerenza, che facilita fenomeni di neocatarismo e di settarismo.

Come terzo aspetto, l'idea che l'interesse primario sia il «non-soffrire»[15] porta a privilegiare l'astensione (il non fare) piuttosto che delineare un vero e proprio canone prescrittivo, con il rischio di far collidere il benessere con il *welfare*: una visione fortemente specista perché incapace di considerare la dimensione altra. L'idea che il «possono soffrire», ovvero la capacità di senzienza, con il principio del dolore come fulcro del dibattito, debba costituire il cardine della discussione antispecista, non solo non tiene in considerazione il fatto che lo stato di benessere segua altre coordinate, ma di fatto conferma l'antropocentrismo umanista nel suo soffermarsi su ciò che accomuna, ovvero nel privilegiare i caratteri condivisi, ipostatizzando l'idea di essere umano come misura. Non ci si rende conto, spesso in buona fede - e non si tratta solo di una questione etologica - che l'antropomorfismo è una forma di antropocentrismo, seppur mascherato da concessioni.

L'impostazione che si viene a delineare con Tom Regan[16] nell'ultimo decennio sembra superare la visione consequenzialista incentrata sulla sofferenza, individuando un principio a-priori, quello di *soggettività*, chiamato a indicare predicati inalienabili e normatività deontologiche ineludibili, prospettando una sorta di giusnaturalismo antispecista. Il carattere di soggettività, che Regan specifica nel sintagma *essere-soggetto-di-una-vita*[17], si dipana pertanto in una proprietà dell'esistere - la vita di un animale gli appartiene - che si esplicita nella singolarità biografica.

È indubbia la produttività della discussione animalista del Novecento e tuttavia, come avremo modo di vedere in seguito, non possiamo definire l'animalismo una vera e propria critica allo specismo perché ancora fortemente incentrato su specismi nascosti o *criptospecismi*[18]: a prima svista mimetizzati nel corpo-ambiente dell'intento liberazionista ma, non per questo, non invalidanti in termini di emarginazione e di svuotamento di significato.

La concezione consequenzialista, nel benthamiano «possono soffrire», oppure deontologica, dove la soggettività trasforma l'esistere in un atto di proprietà, quali cardini della riflessione sugli interessi animali, tolgono specificità allo specismo, spacciano focali che deflettono più che focalizzare il problema. Ne ricaviamo la sensazione che sia come svuotare una chiocciola dal suo guscio e chiedersi come fa a vivere. Lo specismo è prima di tutto un non tener conto dell'inerenza - ciò che è proprio-del-soggetto - basandosi sul condiviso, come se questo fosse l'aspetto chiave dell'invalidazione, ma ciò significherebbe assumere l'idea di universale dell'interesse, che è per l'appunto uno specismo[19].

Tutto questo sembra abbastanza teorico ma di fatto non è così, come le aberrazioni sul concetto di *welfare* animale degli anni Ottanta dimostreranno in concreto. Ma avremo modo di parlarne. Il punto è che, proprio a partire dalla criteriologia interpretativa e prescrittiva dell'utilitarismo (Singer) e del giusnaturalismo (Regan), che caratterizzano il dibattito di questo periodo sullo specismo, inevitabilmente si è trascinati all'interno dell'universale. Non si tratta perciò solo di un'aberrazione riferibile al concetto d'interesse ma più in generale di valutazione e accettazione dell'inerenza, ovvero di definizione di una pluralità ontologica. La difficoltà di porre al centro la questione dell'inerenza troverà ampia discussione nel periodo successivo: nella limitatezza del concetto condivisivo di senzienza, nell'aberrazione di dover far coincidere soggettività e consapevolezza, nel rischio cartesiano che si nasconde in una visione perimetrale del concetto di *umwelt* (mondo-ambiente), nel paradosso di decostruire il concetto di specie in nome di una singolarità che, nell'essere troppo centrata sull'individualità, in realtà spersonalizza l'eterospecifico togliendogli un campo di immersione-espressione peculiare. Come vedremo, tali aporie sono di fatto implicite nel paradigma umanistico.

Con il primo decennio del Ventunesimo secolo il termine «specismo» si è arricchito di nuove predicazioni, andando oltre la definizione prassica di Ryder e quella morale di Singer e di Regan. Ad affacciarsi sono nuove decostruzioni del carattere di specie, riprendendo le considerazione dell'ultimo Derrida del saggio *L'animale che dunque sono*[20] o le concezioni di singolarità che caratterizzano le proposte, che seppur in modo variegato, sono ricavabili in Gilles Deleuze, Michel Foucault e Giorgio Agamben[21].

La critica allo specismo si trova quindi a doversi confrontare e in certi autori riprende la critica dell'identità che ha caratterizzato la seconda metà del Novecento. Si sviluppa così una nuova valutazione dello specismo condotta attraverso una criteriologia assai differente rispetto alle proposte degli anni Ottanta, più in linea con la filosofia continentale, che vedono l'emergenza di una nuova ontologia maggiormente basata sull'immersione singolare e relazionale del soggetto piuttosto che su una definizione autarchica e categoriale. Nel pensiero di autori come Vinciane Despret[22], Matthew Calarco[23], Donna Haraway[24], Dario Martinelli[25] e Ralph Acampora[26] si viene a definire un approccio che si discosta notevolmente dalle considerazioni incentrate sull'appartenenza. Il concetto di «sinfisia» (inteso come partecipazione allo stesso statuto corporale del sentire insieme/cosentire) di Acampora, l'interesse per il transpecifico di Martinelli o la definizione zoografica di Calarco rappresentano tutti tentativi di mettere in luce un'ontologia relazionale e quindi di smascherare lo specismo nel suo carattere dicotomico, ossia disgiuntivo-svalutativo.

Ci troviamo di fronte a proposte che in qualche modo rappresentano degli slittamenti rispetto al paradigma umanistico e che definirei postumanistiche, anche se i diversi autori le nominano con termini quali non umanismo o umanimalismo. Il mettere al centro la relazione e la trasgressione, rispetto ai perimetri rigidi delle *umwelten*, rappresenta un territorio di ricerca che anch'io ho voluto focalizzare in due saggi, *Il concetto di soglia*[27] e *Post-human*[28].

D'altro canto, ritengo erronee e contraddittorie tali proposte se:

1. Non definiscono una chiara differenza tra la fruizione zootecnica dell'eterospecifico e la funzione referenziale della relazione zooantropologica con l'eterospecifico.

2. Si pretende di superare il concetto di *umwelt* semplicemente negando l'inerenza ossia un proprio-di-specie, attraverso una decostruzione o negazione dell'identità in nome di una singolarità aspecifica e indistinta.

3. Si considera l'identità biografica e il qui e ora del soggetto in un generico *quodlibet* o in una prevalenza dell'ontogenesi (del biografico) sul filogenetico.

Un'altra prospettiva che trova uno sviluppo nell'ultimo decennio è la considerazione dello specismo non come prevalenza ideologica ma come struttura storica e sociale di sfruttamento delle altre specie in esito alle prassi postneolitiche e in particolare al processo di domesticazione. Il dibattito che, anche in questo caso, presenta una considerevole pluralità di posizioni[29] pur tuttavia sembra incentrarsi sull'effettività e sulla concretezza dei processi di sfruttamento quali logiche di reificazione e utilizzo dell'altro-animale, sostenute da una precisa struttura sociale e in conseguenza a un preciso corso storico. Questi autori mettono in diretto rapporto, sottolineandone i collegamenti, specismo (inteso *in primis* come sfruttamento dell'eterospecifico) e altri sistemi di potere e dominio, quali il capitalismo. Prendiamo a esempio le considerazioni critiche che Carl Boggs[30] individua nell'approccio tradizionale al problema dello specismo:

1. Il fatto di isolare il problema dello sfruttamento animale rispetto ad altri problemi sociali ed ecologici che di fatto lo sostengono.

2. Il legare il concetto di diritto a questioni di scelta individuale, determinando una sottovalutazione delle strutture sociali e di potere che determinano lo sfruttamento come prassi.

3. Il non essere in grado di produrre una proposta politica in grado di prospettare scelte strategiche capaci effettivamente di incidere sul problema.

C'è un legame molto forte tra le riflessioni di questi autori e la teoria critica della Scuola di Francoforte, in particolare il pensiero di Theodor Adorno e di Max Horkheimer[31], e al modo di leggere il suo pensiero indicato dallo stesso Derrida. Si tratta di una visione che prende le distanze in modo netto dalla tradizione liberale - che ancora informa l'animalismo dei primi autori - nel leggere lo specismo non quale «convinzione sbagliata» circa il nostro rapporto con gli eterospecifici, bensì come un modo specifico di costruire: il proprio vivere, l'organizzazione sociale che ne deriva e i mezzi di produzione che sostengono la società nel suo insieme.

Due sono, a mio avviso, le tematiche che caratterizzano questi approcci:

1. Il sottolineare il rapporto stretto che intercorre tra l'allevare e lo sfruttare l'eterospecifico, individuando nel processo di domesticazione il punto di discrimine dell'atto specista o, se vogliamo, il suo incipit e la sua esplicitazione.

2. Il connettere in maniera forte, e in certi casi non disgiungibile, lo specismo da altre forme di sfruttamento dell'uomo, riprendendo il concetto agambiano di macchina antropologica[32] e mettendo in relazione la liberazione dell'essere umano e la liberazione dell'animale non umano.

Indubbiamente esiste un nesso - a mio avviso ricorsivo e non necessariamente direzionato: dalla discriminazione dell'eterospecifico a quella dell'altro-umano - e parimenti è riconoscibile il rapporto tra capitalismo e sfruttamento dell'eterospecifico. E tuttavia ritengo sbagliato considerare tale relazione esplicativa in modo esaustivo, dimenticando i nessi che legano questi filosofi di riferimento con il paradigma umanistico e, come vedremo, il loro riferirsi a una *outopia* che è figlia di un poggiarsi in modo stabile all'interno di una concezione antropocentrica del compimento.

Su una prospettiva totalmente differente, alcuni autori - come Leonardo Caffo[33] e Melanie Joy[34] - sottolineano l'importanza di rimanere sull'argomento in senso stretto (la questione della liberazione dei non umani) rimarcando il carattere specifico dello specismo. In questo dettato sono rilevabili più aspetti, non solo di carattere strategico, come potrebbe apparire a un primo esame. Certo, pragmaticamente o politicamente potremmo dire che rimanere concentrati sullo specismo in quanto specismo voglia dire evitare di dare per scontato che ogni forma di liberazione agisca sugli stessi operatori e che quindi presenti una sua uniformità interna in termini di strategie e azioni utili. Il che è sintetizzabile in due considerazioni che tali autori rigettano:

1. Che i processi di liberazione siano eventi a domino e quindi necessitati, dove la liberazione degli umani porti come conseguenza la liberazione degli animali o viceversa, perché entrambe agenti sullo stesso principio di sfruttamento.

2. Che si possa pensare di coinvolgere in senso centrifugo (gli antispecisti verso altre forme di liberazione) o in senso centripeto (chi si batte per i diritti umani alla causa antispecista) in una sorta di movimento oceanico di liberazione, nel principio del «liberi tutti!».

Ciò significa rifiutare concettualmente e pragmaticamente l'uniformità del principio di sfruttamento e rimarcare il fatto (tutt'altro che banale o scontato) che potrebbero darsi situazioni dove interessi umani e interessi non umani non trovino una conciliazione né in termini strategici né come agenda.

Ma l'analisi più interessante di questa riflessione riguarda, a mio avviso, aspetti non propriamente strategici. Focalizzare lo specismo, ossia ciò che è proprio dello specismo, significa evitare di uniformarlo ad altre forme di discriminazioni, come il sessismo o il razzismo che, seppur riprovevoli e urgenti di considerazione critica, ciò nondimeno presentano caratteristiche differenti rispetto allo specismo. Solo in prima *facie* l'antispecismo debole propone priorità e focalizzazioni, evitando di stemperare la questione animale nel mare magno delle problematiche di discriminazioni, dove cioè il concentrarsi sul non umano assuma una connotazione di riconoscibilità e di specificità operativa.

In realtà, a essere messa in evidenza in questa proposta è la peculiarità dello specismo, ovvero la non sovrapponibilità o contiguità di tale discriminazione rispetto alle altre e per tre ragioni che mi sembra di desumere:

1. La non sovrapponibilità degli interessi e la non sussumibilità in concezioni universali, da cui il richiamare il concetto di *umwelt* come nodo problematico con cui doversi confrontare con atteggiamento di umiltà.

2. L'incapacità dell'eterospecifico di rivendicare il proprio interesse ovvero di avere una parte attiva nel processo emancipativo, non essendo in grado né di sollevarsi né di proporre alcun *cahiers de doléances*.

3. Il significato propriamente altruistico di chi si batte per superare ogni forma di discriminazione specista e dare all'animale ciò che gli è proprio, e quindi la prevalenza del dono-offerta sulla lotta-rivendicazione che viceversa caratterizza altri movimenti di liberazione.

LA CRITICA ALLO SPECISMO COME CESURA

Se è vero che non si possono misconoscere le innumerevoli critiche nei confronti dell'antropocentrismo rinvenibili in autori precedenti l'esplicitazione degli anni Settanta e nelle correnti filosofiche che si sono confrontate negli ultimi due secoli con il tramonto dell'umanismo, non dobbiamo dimenticare il loro legame indissolubile con questo paradigma che inevitabilmente crea problemi di tenuta interna della critica allo specismo. È comprensibile la ricerca di antecedenti di critica al dominio dell'uomo sugli altri animali nella storia del pensiero filosofico nel ripescaggio di esili pronunciamenti, il più delle volte sotto forma di *rêverie*, di auspici o di semplici aforismi, ma che non rientrano poi nel tessuto teoretico del filosofo in questione[35]. La compassione verso gli animali ricorda una sorta di *captatio benevolentiae* più che costituire una messa in mora dell'antropocentrismo. Questo anche perché l'umanismo è sempre stato una comoda coperta per dare libera espressione alla solipsia postplatonica: allontanarsi dal mondo-ombra per chiudersi all'interno dei propri ragionamenti. L'umanismo è negazione dell'animalità: nell'essere umano confinandola alla mera corporeità, nel non umano nel connotarla in termini macchinomorfi.

L'umanista, anche nel pronunciarsi a favore dell'animale non umano, manifesta sempre un senso di altezzosa superiorità, di consapevole distacco dall'animalità e quindi di non coinvolgimento nell'animalità. Chiuso nell'onanismo del cogito cartesiano, pretende di parlare di animali senza conoscere gli animali, considerandoli una presenza incomoda ai suoi pensieri, una sorta di contaminante che macchia di materiale organico le proprie cristalline elucubrazioni. Per l'umanista l'animale è nel testo, non esiste fuori dal testo, è un gioco di specchi dove si può desumere i predicati del non umano semplicemente con un esercizio prestigioso di contrapposizioni. Ciò che è facile riscontrare in queste pagine è il continuo di un discorso tra eletti che rifuggono l'opacità del mondo.

L'animale che l'umanista incontra è se stesso: impudico in quanto animale, vulnerabile perché riecheggia il *memento mori*, lontano come il pubblico che osserva il funambolo nelle sue peripezie sulla corda.

La critica eventuale che ne deriva è stanca, distonica, incoerente, incapace di colpire al cuore il problema perché significherebbe mettere in discussione tutto l'edificio che il filosofo ha costruito dentro di sé, lungo i sentieri dell'essenzialismo, del logocentrismo, della *scala naturae*, del libero arbitrio, dell'operatore dicotomico, del razionalismo, dell'elevazione, degli infiniti riti di purificazione.

La critica allo specismo è pertanto una cesura, una frattura nella faglia del pensiero occidentale, un domino i cui tasselli faticosamente eretti dall'umanismo vengono abbattuti. Se prendiamo in considerazione i cardini del pensiero umanistico non possiamo non riconoscere un antropocentrismo di sfondo che trasforma la realtà circostante, vale a dire tutto ciò che non rientra all'interno del *limes* dell'umano, quale palcoscenico da conformare alle esigenze dell'unico attore: colui che ha in mano i destini autopoietici, l'unico capace di rendere il teatro un luogo di significato, di creare i mondi possibili.

Se restiamo all'interno del paradigma umanistico ci troviamo costretti o ad annichilire l'alterità (da cui l'antropomorfizzazione) o a decostruire l'identità (da cui il singolare indistinto)[36] oppure a rigettare tutto ciò che non è umano nella *res extensa*. L'umanismo ammette un solo tipo di soggettività, quella umana, e pertanto l'eterospecifico è obbligato a passare sotto le forche caudine di tali predicati di soggettività - e si tratta di una prova già persa in partenza, giacché per definizione l'alterità animale è alterità *tout-court* - se vuole veder riconosciuta una qualche titolarità ontologica.

Gli esempi di questa tendenza non mancano. Il bisogno di riconoscere la soggettività dalla consapevolezza o qualità esplicitativa è un chiaro esempio di tale aberrazione che vuole:

> *1.* Che la consapevolezza indichi il livello di soggettività, quando sappiamo bene che, anche nell'essere umano, ciò che è soggettivo (nel senso di proprio dell'ente), come implicante una posizionalità singolare dell'ente nel qui e ora, non coincide con ciò che è consapevole.

2. Che le prove e i parametri di consapevolezza debbano essere quelli validi per l'essere umano e validati dall'essere umano. Come si vede, la concezione di soggettività è frutto di due determinanti umanistiche ben precise che potremmo attribuire al carattere autopoietico che leghiamo al concetto di soggettività e alla trasformazione antropometrica propria della lettura vitruviana dell'essere umano. Se ci manteniamo all'interno di questa concezione della soggettività, inevitabilmente assegneremo al non umano una mancanza di soggettività o uno stato di soggettività minore.

Medesima difficoltà riscontriamo se tentiamo di definire il proprio dell'alterità rimanendo nella concezione emancipativa così come presentata da Giovanni Pico della Mirandola nel suo *De hominis dignitate*[37]: in questo caso o chiudiamo l'eterospecifico all'interno di una *umwelt* invalicabile (dichiarandolo di fatto *res extensa*) che necessariamente lo rende povero di mondo, come già aveva ben compreso Martin Heidegger[38], o lo decostruiamo, come l'angelo umanistico, eradicandolo da ogni inerenza ma così facendo negandogli di fatto ogni seppur minima titolarità.

Leggendo questi ragionamenti ci verrebbe da invertire il dettato derridiano in un «tutto è fuori dal testo», ma ovviamente si tratterebbe di un'esagerazione. E tuttavia forse hanno più di una ragione Jean Piaget e Gaston Bachelard nel considerare nel deficit esperienziale e nella prevalenza del proiettivo i maggiori ostacoli epistemologici. Riprendo proprio le parole di Bachelard:

> «Credo che ci s'istruisca contro qualcosa, forse addirittura contro qualcuno, e sicuramente contro se stessi»[39].

L'antropocentrismo è il primo ostacolo nell'interpretazione del non umano, una lettura che è specismo a priori perché costruita sulla dicotomia, propedeutica di una separazione che sola consente il libero flusso di proiezioni. Già, in che altro modo potremmo chiamare la categorizzazione dell'animalità o la trasformazione del non umano in automa o, ancora, la collisione tra animalità e ancestralità? Si tratta di proiezioni che si rifiutano di entrare in diretto contatto con la resistenza del reale.

Esperire significa incontrare per mettere alla prova le proprie ipotesi e per dialogare con l'altro, evitando di chiudersi all'interno di un monologo o di un concerto di creature monologanti, pur nel paradosso che questa immagine può esprimere. Ma l'umanismo ha costruito le proprie serrature per tenere fuori il non umano, ponendo i fatti in un contenitore non osmotico rispetto ai valori, minacciando l'esperienza con l'accusa di fallacia naturalistica, ricavandosi un proprio ecosistema in cui vigono altre regole di fitness, dove non è più la rispondenza a costituire un maglio selettivo ma la produttività teoretica, la capacità di allontanare ancor di più il funambolo dal suo pubblico. L'umano umanistico s'inerpica sul fumo delle proprie parole, struttura frattali di significato per dichiarare che non è un animale, che gli animali non c'entrano nulla con lui, che la differenza tra umano e non umano non sta in un predicato ma in una condizione complessiva. Se non si è pronti a smascherare questo progetto, rigettando alla base questo pensiero, faremo solo un'opera di *maquillage*, ce la prenderemo con i più deboli, lasciando tranquillamente vegetare lo specismo forte, quello che inquina il profondo dei nostri ragionamenti: l'aspirazione umanistica a non essere animali, il desiderio utopico di una realtà altra, la paura concreta di incontrare noi stessi negli occhi del non umano, la consapevolezza del vuoto che riempie le nostre parole.

PRINCIPI UMANISTICI E SPECISMO

Se vogliamo superare le aporie umanistiche che trasformano l'antispecismo in una tautologia o in un discorso viziato da contraddizioni interne, è indispensabile mettere in discussione i principi di base dell'umanismo, vale a dire:

1. Il paradigma dell'incompletezza umana, ovvero l'idea di una mancanza di rango che ne farebbe un essere totalmente libero ed emancipato dalla natura, demiurgo del proprio destino.

2. Il concetto di cultura come autopoietica, autarchica, disgiuntiva ed elevativa, che trasforma l'uomo in un funambolo che deve rispondere solo a se stesso.

3. La visione ergonomica della *techne*, concepita come arte di costruire strumenti che, in modo ancillare, potenziano predicati inerenti ma non intaccano la purezza dell'umano.

4. Il concetto di *episteme* come misura e sussunzione del mondo, trasformato in oggetto da dominare, dove non si ammette alcuna relazione dialogica col non umano, giacché la *res extensa* è di fatto morta e quindi nei suoi confronti potete agire solo in modo induttivo o deduttivo.

5. L'idea di uomo come fine e come significato, con svuotamento di tutti gli altri enti, che se anche persistono non esistono e quindi possono in qualunque momento essere trasformati in una *k*, primo passo per l'annichilimento.

Questi principi di base sono, ciascuno a suo modo, ostacolo a qualunque ragionamento critico sullo specismo, anche se apparentemente solo il quinto punto esplicita una discriminazione.

Dal mio punto di vista, lo specismo è perciò più un modo tramite il quale l'umano definisce se stesso che un sistema di discriminazione del non umano:

1. Attraverso l'incompletezza dichiariamo la nostra libertà da ogni determinazione della *natura naturans*, proiettando il nostro rango in una dimensione altra ed esplicitando l'arbitrio umano come principio di soggettività, al contrario dei non umani che l'essere completi o radicati esclude da qualunque forma di autodeterminazione e di presenza nel qui e ora.

2. Attraverso la lettura della cultura come «cosa nostra», ovvero come entità emanativa (genesica o esonerativa) ed espressione pura dell'essere umano, e quale processo disgiuntivo ed elevativo rispetto al non umano, dichiariamo che il proprio dell'essere umano riguarda l'uomo in autonomia, svuotando il non umano di qualunque valore dialogico, e parimenti che il proprio dell'essere umano è opporsi alla condizione del non umano.

3. Attraverso la visione ergonomica della *techne* l'essere umano trasforma il mondo nella sua completezza in un prodotto di cui fruire o in uno strumento da usare come potenziatore dei propri predicati, trasformando tutta la realtà non umana in oggetto, cioè attuando una reificazione completa del non umano, vale a dire dove il non umano si deve ergonomicamente dare ai fini dell'uomo.

4. Attraverso la visione metrico-sussuntiva, esplicitata nell'antropometria vitruviana, l'essere umano fagocitata il non umano dichiarandosi misura del mondo (non in senso sofistico ma categoriale) e quindi modello o, me-

glio, forche caudine che inevitabilmente trasformano il non umano in approssimazione, e contenitore di mondo, rendendo il non umano privo di qualunque significato aggiuntivo rispetto all'essere umano.

5. Attraverso la teleologia antropocentrata tutta la realtà viene piegata ai fini dell'essere umano e ai significati che l'essere umano le attribuisce; in tal modo il non umano è annichilito, la sua diventa una presenza-assenza, e in tal senso manca di un valore proprio, da cui la prevalenza dei cosiddetti argomenti indiretti in gran parte delle discussioni animaliste, indicatrice di una difficoltà a mettere in discussione non solo la preminenza del *telos* umano ma altresì il pregiudizio di insussistenza di quello non umano.

A fronte di queste considerazioni, appare evidente che si può essere specisti anche in posizioni filosofiche e in azioni non necessariamente vessatorie, di sfruttamento o addirittura non conclamatamente discriminative, oppure non riconducibili a un riferimento diretto agli animali non umani. Il problema del paradigma umanistico sta nel progetto antropocentrico che lo caratterizza, basato sull'esaltazione dell'uomo, quale unico protagonista dotato di titolarità esistenziale, in contrapposizione all'inerzia e passività del non umano. Il paradigma umanistico si fonda su un atto di sostituzione che, rispettando il canone del teocentrismo medievale, semplicemente pone l'essere umano al posto di dio. In questa prospettiva per l'essere umano si profila la definizione di una *ou*topia, ovvero di un traguardo ontopoietico posizionato in un altrove che inevitabilmente svaluta la natura, considerata distopica rispetto ai predicati umani.

L'utopia di Tommaso Moro, punto di convergenza tra i suffissi «eu» e «ou» e quindi non necessariamente posizionata in un altrove, nell'essere assimilata nel pensiero umanistico perde il suffisso «eu» e diventa sinonimo di isola-che-non-c'è che chiede all'essere umano una formalizzazione, inevitabilmente antropocentrata. L'*ou*topia (da questo momento «utopia») diventa così negazione della natura o urgenza di smarcarsi dalla natura, cosicché ogni teoria del compimento di conserva assume una prospettiva antropocentrata (costruita su coordinate antroporiferite) con implicite conseguenze speciste.

L'umanismo si basa sul carattere di soggettività che attribuisce all'essere umano lo stato di demiurgo del proprio destino.

Come abbiamo visto, la libertà dell'essere umano - nell'arbitro decisionale e nell'autodeterminazione ontologica - viene fatta derivare dall'azzeramento di contenuti epimeteici, ovvero dal considerare l'essere umano privo di determinazione di rango e quindi esonerato dal dover rispondere (se non nelle componenti somatiche) ai dettati della *natura naturans*, quale viceversa è la condizione degli animali non umani (per l'umanismo, semplicemente «animali»). Umanismo e prometeismo sono in effetti onomasiologici. In questo senso, come peraltro assistiamo nel dibattito contemporaneo sullo specismo, o rispettiamo la diversità specie-specifica, trasformandola tuttavia in una ferrea determinazione (*umwelt*) che esclude qualsiasi forma di libertà al non umano, oppure si è costretti a decostruire l'identità specie-specifica, in nome di un singolare biografico-individuale, ma, così facendo, si viene a perdere la centralità inerenziale del non umano nella definizione dei suoi interessi.

In altre parole, all'antispecismo che non mette in mora l'umanismo restano poche possibilità, tutte fortemente incoerenti e contraddittorie (vale a dire implicitamente speciste):

1. Ritenere la specie-specificità del non umano ma perdere il principio di soggettività.

2. Puntare sul carattere di soggettività ma annichilire qualunque predicato d'inerenza.

Attenzione, però: entrambe queste soluzioni sono intrinsecamente speciste. Partiamo dalla seconda opzione. Non vi è dubbio che l'assimilazione antropomorfa o la decostruzione dell'identità siano atti specisti: lo specismo è prima di tutto la negazione del carattere di alterità, l'azzeramento di ogni inerenza. Quale peggiore atto specista ci può essere del negare uno specifico al non umano, vale a dire una propria dimensione che si esplicita in orientamenti, aspettative, bisogni, interessi che lo caratterizzano in quanto parti integranti della sua ontica? Veramente possiamo pensare di rispettare il cane X, ignorando il fatto che ancor prima di essere un individuo X egli è un cane, vale a dire un soggetto che interpreta la propria presenza nel qui e ora secondo coordinate che sono differenti da quelle dell'uomo? Se l'antropomorfizzazione è smaccatamente un antropocentrismo, lo è ancor di più la decostruzione dell'identità di specie in nome di una singolarità nominalistica che, nella sua orizzontalità ontologica, inevitabilmente pecca di antropoformazione dell'identità.

Stessa cosa può dirsi per la prima opzione. Non vi è dubbio che indicatori di specismo tutt'altro che secondari siano:

a) La concezione deterministica dell'essere-nel-mondo, ovvero l'attribuzione di una sovrapposizione di specie e individuo, quell'*umwelt* invalicabile e senza marginalità che chiude ogni possibile incontro.

b) La lettura esclusivamente percettiva dell'immersione, che non tiene conto del fatto che l'interfaccia ha soprattutto un carattere cognitivo.

c) La visione prevalentemente categoriale dell'animalità, che esclude ai soggetti non umani qualunque posizionalità emozionale e motivazionale nel qui e ora.

Se accettiamo questo o ritorniamo all'interpretazione misurativa dell'animale cosa-morta, quale si evince dal principio cartesiano, oppure cadiamo nelle braccia della domanda retorica di Nagel[40]. L'interpretazione del carattere di soggettività, dicotomizzato tra la condizione tellurica del bruto e lo status evanescente dell'angelo, è frutto di quel manifesto ontologico che è il già citato *De hominis dignitate* di Giovanni Pico della Mirandola. Finché continueremo a considerare l'ontologia umana in termini di purezza e autodeterminazione, trasformando il mondo in un'entità ergonomica, inevitabilmente saremo impregnati di specismo. Lo saremmo, anche se azzerassimo qualunque interazione con il non umano.

LO SPECISMO COME NEGAZIONE DEL CARATTERE DI ALTERITÀ

Per *specismo* intendo pertanto tutte quelle forme di svalutazione del non umano, in termini ontologici ed epistemologici, ovvero di negazione del carattere di alterità all'eterospecifico, riguardanti perciò non solo il modo di trattare gli altri animali, nella prassi o nella considerazione morale, che esitano da come l'essere umano definisce la propria ontologia. Lo specismo pertanto non si sconfigge o, anche solo, non si mette in mora rimanendo all'interno del cantico di esaltazione dell'essere umano. Per fare un discorso coerente sullo specismo è pertanto indispensabile andare alle sue radici, che nel pensiero occidentale sono riconducibili principalmente al paradigma umanistico.

Occorre partire dal carattere di alterità, il vero nodo concettuale dello specismo, assumendo piena consapevolezza del fatto che il progetto umanistico ha costruito il proprio antropocentrismo ideologico trasformando il non umano in sfondo-palcoscenico, ovvero togliendo agli eterospecifici proprio il carattere di alterità.

Quando si nega il carattere di alterità? Ci sono diversi modi per realizzare tale negazione e tutti conseguenti ai cinque punti sopraenunciati relativi allo specismo:

1. Rifiutando l'esistenza di un'alterità, ovvero di un proprio non umano, nell'idea di umano come sussunzione.

2. Considerando l'uomo come unità di misura dell'alterità, trasformando quest'ultima da entità-diversa in entità-minore.

3. Stigmatizzando l'alterità come altro-da-sé o totalmente estranea e non come altro-con-sé, ovvero capace di dialogare e di momenti di incontro-sovrapposizione.

4. Ritenendo la diversità come non importante o non portatrice di un'inerenza, giustificando la negligenza o la decostruzione identitaria.

Se prendiamo a disamina questi quattro capitoli di negazione dell'alterità, riconosciamo che i principi discriminativi sono implicati nel modo in cui l'uomo si autodefinisce, ponendo l'altro animale come contro termine denigrato o svuotato di contenuti ontologici. La negazione dell'alterità riguarda non solo lo svuotamento dei contenuti di alterità ma altresì del significato relazionale dell'alterità. Specista è pertanto l'idea che l'essere umano sia autosufficiente da un punto di vista ontologico, come specista è l'affermazione che, con i non umani, ci possa essere solo un rapporto di fruizione e non siano dati processi referenziali come nelle relazioni interumane.

La mia proposta di definizione dello specismo è in tal senso molto più allargata: *lo specismo è la negazione del carattere di alterità agli eterospecifici*, dove per «alterità» s'intende l'ammissione:

1. Dei tre predicati ontologici del non umano, riassumibili nei termini di:

a) Soggettività (essere costruttore del proprio esserci).

b) Diversità (essere caratterizzati da un'inerenza).

c) Singolarità (essere posizionati in un qui e ora).

2. Dei due predicati dialogici del non umano, riassumibili nei termini di:

d) Altro-con-sé (alterità come possibilità di incontro).

e) Referenzialità (alterità come promotore ontopoietico).

Avremo modo di approfondire questi argomenti, per ora mi preme sottolineare che lo specismo è *in primis* la negazione di un'alterità non umana, giacché si ritiene che solo l'umano sia in possesso di questi predicati, ovvero che l'essere umano realizzi la propria umanità, come distinzione, assumendo appunto proprio questi predicati. Per l'umanismo l'essere umano è ciò che l'eterospecifico non è.

Occorre pertanto rileggere i predicati *a)*, *b)*, *c)*, *d)*, *e)* e comprendere come la negazione di alterità propria dell'umanismo abbia dato vita a una struttura teoretica fortemente resiliente a ogni approccio che si ponga l'obiettivo di mettere in mora lo specismo.

Per l'umanismo solo l'essere umano:

a) È soggetto, in quanto libero nelle decisioni che prende e quindi caratterizzato da autodeterminazione; tutto il resto è mosso dalle leggi della natura.

b) Ha un'inerenza, cioè un proprio che gli consente di costruire mondi; gli altri animali sono chiusi nella loro *umwelt*.

c) Vive in un presente, ha un qui e ora, poiché la propria esistenza è rischiarata dalla consapevolezza della morte.

d) Può trovare nell'altro umano un prossimo, qualcuno da incontrare e qualcuno con cui dialogare; gli animali sono entità insondabili e se anche fossero in comunicazione con lui non avrebbero nulla da dire.

e) Può imparare qualcosa dall'altro umano, che ha quindi un'azione referenziale; il non umano può essere solo oggetto di studio.

Per questo sostengo che lo specismo viene a essere configurato più dal modo in cui l'uomo interpreta se stesso piuttosto che dal modo in cui tratta gli animali. Cadiamo in un frattale specista ogni volta che assumiamo una concezione essenzialistica dell'ontologia, proprio perché nell'essenzialismo vengono negati i predicati dialogici dell'alterità, come peraltro ci condanniamo a essere specisti se non mettiamo in discussione gli infiniti modi di ripresentarsi della dicotomia cartesiana.

Accertare le radici umanistiche dello specismo non significa peraltro attribuire all'umanismo tutte le implicazioni antropocentriche e speciste. D'altro canto chiedersi quale sia l'origine dello specismo[41] è, a mio avviso, un'inutile perdita di tempo, una domanda oziosa e forviante e in qualche modo essa stessa espressione di specismo, come avrò modo di argomentare. Il dibattito dell'antispecismo contemporaneo sul primato della prassi sull'ideologia nasce da una visione di causalità diretta che ha a che fare con l'epistemologia antropocentrata. Si tratta peraltro di un quesito che va oltre l'argomento in sé - nel senso che si potrebbe applicare a tantissimi altri contesti - e che ci chiede di scegliere una direzione causale tra i due termini di «prassi» e «giustificazione» o, se vogliamo, tra pensiero e azione, quasi fossero due entità separate.

L'agire è pensare e viceversa, anche se spesso non esiste una perfetta equipollenza tra i due termini, sia per quanto concerne l'isomorfismo sia per il gradiente espressivo: talvolta il pensato è maggiore dell'agito, talaltra è l'agito a esorbitare. Inoltre esiste una ricorsività tra il fare e il giustificare, ma si svolge su contenuti e livelli semantici differenti: il pensiero che mi porta a fare una certa azione non corrisponde a quello che poi chiamerò a giustificazione della stessa. Ritengo perciò che ogni focale adottata abbia una sua funzione euristica per comprendere l'emergenza di pensieri-azioni caratterizzati da specismo.

2.
L'ANIMALE COME PRESENZA

Il problema dello specismo può essere ricondotto allo sfruttamento o alla discriminazione, questo è indubbio, e tuttavia a mio parere nel nostro modo di essere, e quindi all'interno della nostra cultura, lo specismo è prima di tutto una negazione dell'animalità, che operiamo in noi e negli animali non umani. La negazione dell'animalità sta nel posizionare gli indicatori di presenza, la soggettività come essere-nel-tempo, nell'esplicitazione ovvero nella capacità di manifestare in modo inequivocabile il proprio impegno e relazione col mondo, da cui l'inappellabile assenza dei non umani. L'esplicitazione chiede di essere dichiarata, ma questo rimanda a una struttura linguistica che viene negata a priori all'eterospecifico - l'uomo ha il linguaggio mentre l'animale non umano può solo comunicare[42] - oppure espressa in modo inequivocabile; tuttavia, come si sa, gli stati mentali sono per definizione costrutti, ossia non oggettivamente valutabili, condannando perciò a priori l'animale a un deficit di evidenze scientifiche[43].

Questo spiega lo sforzo - a mio avviso fallimentare, ma non per mancanza indiziaria - di provare livelli di consapevolezza e di autocoscienza nei non umani e il bisogno di costruire ponti dialogici artefatti[44] - e, a mio avviso, mortificanti per l'animale non umano - attraverso strutture linguistiche costituite da segni arbitrari, come si è fatto con le antropomorfe[45]. Per dichiarare la propria presenza si è chiesto all'eterospecifico di rispondere all'appello: chi non ha risposto è stato dichiarato assente, quelli che hanno risposto a voce flebile sono rientrati nella categoria degli assenti giustificati, i pochi che hanno risposto forte ma non chiaro sono diventati dei quasi-presenti, come i non-morti di *Ubik* di Philip K. Dick[46]. E così la partita è stata chiusa, senza chiedersi, peraltro, se l'appello fosse stato coerente con le caratteristiche del ricevente, e per di più senza assumere alcun tipo di principio di precauzione: non ti vedo, non esisti!

Già, ma l'etologo che cerca accreditamento nella comunità scientifica lascia il principio di precauzione solo ai pochi romantici amanti degli animali. Oltre tutto, anche chi ha risposto in modo forte non è al sicuro, perché lo scettico può sempre dire che «magari la risposta è stata casuale... meglio essere prudenti quando si fanno attribuzioni!», in onore alle rasoiate di Occam e al parsimonioso Morgan[47]. L'animalità diventa un corpo chiuso nelle sue reazioni. Tutte le volte che si riporta l'idea cartesiana degli animali come *automata* - «Non preoccupatevi, sono i cigolii di una macchina» - le persone rimangono esterrefatte, dimenticando che la gran parte dell'interpretazione del comportamento animale è informata alla lettera sulla concezione di *res extensa*[48]. L'animale, ridotto a cosa-morta e studiato sul tavolo autoptico, è dichiarato non esistente: per lui non è data la morte ma semplicemente la cessione delle funzioni organiche. Certo, per morire occorre prima aver vissuto, essere nel senso del *Dasein* (esser-ci) heideggeriano, ma l'eterospecifico non esiste perché l'animalità è ridotta a uno stato meramente vegetativo.

I MILLE VOLTI DELLA *RES EXTENSA*

Quando parliamo di animalità come di *res extensa*, intendiamo un modello d'interpretazione dell'esserci del vivente che nega la titolarità dell'individuo sulla propria vita. L'animale *res extensa* non può decidere perché non può scegliere: la struttura del proprio corpo (le ali come il cervello) nell'intersezione col contesto (l'ambiente fisico e le situazioni) detta in modo rigido le funzioni esattamente come gli ingranaggi di un orologio. Parlare di automa significa sottolineare l'inderogabilità della funzione che non è mai espressione - singolarità dell'esserci come intervento attivo sul mondo - ma solo manifestazione di un fenomeno, quale può essere la rotazione di un pianeta. Il modello cartesiano dell'animalità (giacché la *res cogitans* non riguarda l'animalità) propria dell'uomo come dell'eterospecifico, sottopone-chiude l'individuo all'interno delle leggi che lo regolano - vincoli del corpo, suscettibilità agli stimoli, pressioni selettive, caratteristiche fisiche dell'ambiente di vita - e che agiscono su di lui in modo imperativo. L'animalità è un corpo-macchina che segue, come un algoritmo, le istruzioni interne o i dettati che gli provengono dall'esterno[49] non possedendo le sue funzioni, esattamente come un orologio non possiede la nozione di tempo.

Si tratta di un'ermeneutica riduzionista che toglie soggettività all'essere-animale e che sovrappone il suo agire locale alle norme che sostengono tale agire: il che vorrebbe dire spiegare le traiettorie di volo di un uccello attraverso le leggi fisiche del volo. L'espressione, ridotta a funzione, diventa il mero risultato delle caratteristiche intrinseche della struttura (ciò che l'animale fa in un certo momento discenderebbe in modo diretto dallo stato funzionale dei suoi meccanismi strutturali) per cui non è dato alcuno spazio-ruolo alla soggettività. La sovrapponibilità dell'espressione con la struttura (darwinianamente il corpo-mondo) nega la soggettività perché toglie potere decisionale all'individuo che non è titolare delle proprie risorse ma è mosso dalla propria struttura come un burattino dai fili. Ci troviamo di fronte a uno schema esplicativo deterministico che, a differenza di un modello semplicemente determinato, pretende di applicare ai viventi quegli stessi flussi causali che non sono applicabili nemmeno ai sistemi complessi abiotici[50].

Il concetto di *res extensa* nega la soggettività facendo collidere l'espressione animale con le caratteristiche strutturali dell'animale, il che è come pretendere di trarre il testo dal software di videoscrittura o ricavare l'itinerario dalle coordinate di una mappa. Se interpretiamo l'animalità come *res extensa*, le sue risorse di conformità (le ali ma altresì un *pattern* comportamentale) non sono dotazioni (ciò che il soggetto utilizza per realizzare la propria presenza) ma sono esse stesse l'espressione-funzione. La struttura definisce l'essere dell'animale che pertanto non può esserci, ossia esistere. In tal modo l'animale diventa una macchina perché non è titolare delle sue risorse di conformità, non le possiede per realizzare la propria soggettività, giacché tra risorse ed espressione-funzione c'è isonomia. Essere titolare delle proprie risorse significa, al contrario, utilizzarle in modo conforme (usare le ali secondo le leggi del volo) ma altresì in modo singolare e libero (usare le ali per realizzare le traiettorie che nel qui e ora il soggetto decide in modo arbitrario). Rigettare il concetto di *res extensa* nell'interpretazione dell'animalità significa considerare le risorse di conformità delle dotazioni e non degli automatismi che agiscono in modo imperativo (non arbitrabile) sull'individuo. Ma attenzione: se rifiutiamo la trascendenza, abbandonando la *res cogitans*, inevitabilmente anche noi umani ci troviamo a dover fare i conti con il macchinomorfismo della *res extensa*. Anche noi diventiamo *automata* come gli eterospecifici.

L'animalità *res extensa* è già implicita nella dicotomia tra predicati epimeteici (predefiniti, conformi, statici, circolari, isocroni) e predicati prometeici (in divenire, liberi, dinamici, lineari, diacronici) della tradizione classica, rinverditi nel manifesto pichiano[51]. L' essere-epimeteico, in tale luce, diviene quindi sinonimo stesso della «animalità» che viene a essere configurata dalle seguenti caratteristiche:

a) Predefinizione, ovvero ciò che è nell'animale non è conquistato e in tal senso non è veramente proprio, perché dato a priori, e quindi l'individuo deve solo attenersi, mancando persino uno spazio interpretativo.

b) Conformità, ossia la struttura è rigidamente correlata alla funzione che deve svolgere o è chiamata a un preciso compito di fitness e quindi non può consentire al soggetto una disponibilità ad aprirsi ad altre funzioni, manca cioè di apertura e vincola più che liberare il soggetto dalla funzione.

c) Staticità, dove cioè la struttura è chiusa all'interno di un dominio predefinito e il soggetto non ha alcuna possibilità di renderla un cantiere aperto, ma semplicemente è chiamato ad assolverne il dettato.

d) Circolarità, ovvero ritorno su se stessa, incapacità di uscire dall'orbita del prototipo, cosicché non è data un'individualità come modalità del soggetto di interpretare in modo singolare la propria appartenenza, e la differenza individuale è sempre approssimazione rispetto al prototipo.

e) Isocronicità, vale a dire che, non essendo data una libertà elettiva o decisionale, esattamente come una macchina, l'animalità non è presente al suo presente, non ha un qui-e-ora, ma solo uno stato funzionale.

Questa dicotomia, che nell'umanismo rappresenta il fondamento di tutto il progetto, porta a considerare l'essere umano principalmente come prometeico, riducendo al minimo qualunque contenuto epimeteico[52]. A fronte di questo, l'essere umano, per recuperare la propria soggettività, deve necessariamente considerarsi incompleto, cioè sprovvisto o scarsamente dotato di retaggi epimeteici, deve cioè prendere le distanze dall'animalità, dal luogo dove caso e necessità impongono lo spazio del possibile. Finché consideriamo gli animali non umani come figli di Epimeteo e l'essere umano come frutto di Prometeo, non potremmo affrancarci da un presupposto specista che vincola qualunque ragionamento, rendendo contraddittoria ogni professione antispecista che pretenda di rimanere all'interno dell'umanismo. Epimeteismo e concezione dell'animale come *res extensa* sono di fatto la medesima proposta esplicativa. Se vogliamo superare lo specismo dobbiamo pertanto entrare direttamente nel cuore del problema e confutare:

1. Che l'animalità sia assimilabile al concetto di *res extensa*, ovvero che non sia data alla specializzazione adattativa svolgere un ruolo propulsivo di singolarità soggettiva, ovvero di scelta-decisione, e non di contrasto.

2. Che l'essere umano debba annichilire o contrastare la propria animalità per esprimere ciò che è proprio dell'umano, vale a dire il suo rango nel qui e ora del suo vissuto animale, per sottolineare che l'umano realizza i propri predicati di libertà proprio in conformità con il suo essere-animale.

A questo punto vorrei riportare alcune delle più comuni declinazioni della *res extensa*, troppo spesso accettate supinamente da chi si batte contro lo specismo:

a) L'idea che l'innato corrisponda all'istinto dove, anche nel caso che il pattern richieda un'esposizione esperienziale, il processo di apprendimento viene concepito come l'atto di realizzare un puzzle, cioè il mettere insieme tasselli dati per realizzare uno schema altrettanto dato.

b) L'interpretazione del processo evolutivo come un *educere*, ossia un portare fuori, caratteristiche già definite, come l'atto di svolgere una pergamena per leggere un contenuto pregresso, e non come un processo che, da una condizione virtuale attraverso differenziali di crescita e libera organizzazione degli elementi, dia luogo a un'identità unica e irripetibile.

c) La concezione analitica e associativa dei processi di apprendimento, che conduce a ritenere ogni apprendimento come costruzione di un automatismo (il condizionamento) che, al pari di un filo o un interruttore, accresce la determinazione del soggetto, il suo essere soggiogato da automatismi, e non la realizzazione di conoscenze che aumentano lo spazio di libertà espressiva del soggetto.

d) L'idea che innato e appreso siano due realtà differenti, antinomiche o complementari, definendo una giustapposizione dei due domini che inevitabilmente toglie soggettività all'eterospecifico rendendolo burattino servo di due padroni, quando in realtà tra innato e appreso c'è un rapporto dimensionale e ibridativo, ossia attraverso l'innato si realizza l'appreso e viceversa.

e) La perimetrazione dell'immersione ontologica dell'eterospecifico in una *umwelt*, considerata come chiusura del soggetto in un ambiente-mondo non valicabile e non sovrapponibile, quando al contrario le specificità di interfaccia sono entità mobili e con ampi margini di sovrapposizione transpecifica, vale a dire sono risorse di apertura al mondo e di costruzione di mondi.

f) La spiegazione del comportamento come riflesso, nella metafora della trappola armata che scatta allorché il meccanismo viene sollecitato, tanto nella concezione di stimolo che determina una risposta quanto in quella di segnale-chiave che elicita la pulsione, che porta a leggere l'espressione come passività e non come proposizionalità.

g) L'idea che il soggetto sia alla mercé della casualità mutazionale e della selezione naturale, frutto della versione neodarwinista, che toglie all'eterospecifico qualunque titolarità filogenetica, quando, pur rifiutando l'idea lamarkiana di eredità dei caratteri acquisiti, è evidente che ogni scelta comportamentale e ogni invenzione dell'individuo, agendo sulle pressioni selettive, lo rendono un fattore attivo nel processo evolutivo.

h) L'utilizzo dell'esplicazione di conformità ovvero di aderenza all'operatore selettivo (causa remota o filogenetica) per spiegare il comportamento del soggetto (causa prossima o espressiva), per cui se è vero che la motivazione predatoria si è sviluppata in un carnivoro perché utile per l'alimentazione, o la libido perché utile per la riproduzione, o l'altruismo perché capace di favorire geni condivisi (esplicazione filogenetica), è altresì vero che il soggetto esprime tali comportamenti in lui inerenti perché farlo è gratificante e appagante ossia proprio e piacevole.

Ecco allora la necessità di smascherare il concetto di *res extensa* nelle diverse proposte che, seppur con parole, concetti e strutture teoriche nuove, in realtà riportano la stessa dicotomia tra umano e non umano, nel tentativo implicito di attribuire al primo un dominio totalmente differente rispetto al secondo, creando le basi dello specismo. Se non partiamo da uno slittamento nella concezione dell'animalità - intendo evidentemente uno slittamento dell'interpretazione ontologica dell'animalità e non semplicemente una descrizione dei connotati, giacché abbiamo visto che ogni descrizione sottostà a una precedente interpretazione - difficilmente potremo uscire dall'operatore dicotomico che conduce, seppur sempre per vie differenti, allo stesso risultato specista.

Non riconoscendo una condivisione nell'animalità, pur nelle differenze prospettiche specie-specifiche, e una relazione dell'animalità, ovvero di capacità dialogica e di contaminazione transpecifica, inevitabilmente daremo vita a un muro invalicabile tra l'essere umano e le altre specie che, se non necessariamente basato sullo sfruttamento, è tuttavia specista. Ecco allora che rischiamo di cadere su derive speciste allorché consideriamo l'animale non umano:

1. Totalmente estraneo e inconoscibile - la dicotomia categoriale piuttosto che il famoso pipistrello di Nagel -, primo passo per condurlo attraverso il riduzionismo nel vicolo cieco della *res extensa*.
2. Solo nei suoi aspetti di condivisione con l'umano, basandoci sul principio di senzienza o attribuendo soggettività soltanto alla coscienza, con il rischio di non ammettere alcuna «felicità di specie», di essere portati all'antropomorfizzazione, di convalidare la divisione in animali di serie «a» e di serie «b», di rendere l'intelligenza di specie in una minorità cognitiva ossia di trasformare l'eterospecifico in un *minus habens*, di ammettere pratiche di maltrattamento mascherate da *welfare*.

IL DOLORE NON BASTA

Che gli animali possano soffrire, per dirla alla Bentham, o siano esposti al dolore, per richiamare Derrida, è fuori discussione, anche se qualche ricercatore (privo della più pallida conoscenza etografica) si ostina a sottoporre i gatti a test dolorosissimi - con risposte comportamentali inequivocabili - per poi affermare che non ci sono evidenze scientifiche. Immagino che l'unica evidenza che li convincerebbe (forse) sarebbe l'evenienza che il gatto, in modo esplicito, li mandasse a quel paese.

Nel 1974, il filosofo Thomas Nagel si chiedeva: «*What is it like to be a bat?*». Già, cosa si prova a essere un pipistrello? Siamo in grado di capirlo? Una decina di anni fa l'editorialista di «Nature», Stephen Budiansky, pubblicò un libro il cui titolo era peraltro estremamente chiaro: *Se un leone potesse parlare*[53], che prevedeva un sottotitolo altrettanto esplicito: *Noi non potremmo capirlo*. Ma forse Wittgenstein[54] apriva ad altre possibilità e non sottintendeva una rinuncia inappellabile, quale ci viene ripetuta alla nausea. Seguendo queste indicazioni comprendiamo come l'antropomorfismo, ossia l'attribuire ai soggetti di altre specie caratteristiche umane, sia una forzatura che non tiene conto del fatto che ogni animale ha una propria peculiare immersione nel mondo. Questo lo aveva già rimarcato il barone Jakob Johann von Uexküll che, all'inizio del Novecento, introdusse il concetto di *umwelt* per definire un mondo-ambiente proprio di ogni specie capace di stabilire un modo particolare di percepire la realtà circostante. Il concetto di *umwelt* è quanto di più instabile si possa immaginare e può figliare sia una visione pluriversale dell'ontologia, sia una sospensione fenomenologica del giudizio, sia l'ipercartesiana dicotomia di Martin Heidegger[55]. Voglio dire che, se è vero che non è corretto «antropomorfizzare», non dobbiamo cadere nell'eccesso opposto, che in genere si traduce in due atteggiamenti:

1. Il ritenere che sia impossibile capire, anche in minima parte, la prospettiva delle altre specie.

2. Il considerare gli animali completamente diversi dall'essere umano e più assimilabili alle macchine.

Se seguiamo il punto *1)*, come fa Nagel, allora ci chiediamo quale sia, in definitiva, il compito dell'etologo, che viceversa studiando le altre specie attraverso l'analisi del comportamento cerca di capire la prospettiva di un animale.

Se seguiamo il punto *2)*, come fa Cartesio, ci dimentichiamo l'importante lezione di Charles Darwin, che nel libro *Le espressioni delle emozioni nell'uomo e negli animali*[56], ha indicato, in modo inequivocabile, l'uomo come termine comparativo.

Ogni specie è differente - certo - ma di fronte a un femore di cavallo, lo paragono a un femore umano e non a un palo della luce. Gli animali sono diversi per certi aspetti e simili a noi per altri, per questo occorre compararli all'uomo e non a una macchina.

Ma torniamo al dolore, che speriamo punto di partenza e non fulcro del dibattito sugli interessi degli animali non umani. Altrimenti ci troveremmo indietro persino rispetto alle cinque libertà espresse dal *Brambell Report* del 1965 (dieta sufficiente e adeguata, riparo da intemperie, assenza di stress o di malattie, libertà dalla sofferenza e dalla paura). Voglio peraltro sottolineare che, seppur ritengo le indicazioni di detta commissione una piccola rivoluzione, ciò nondimeno oggi - a cinquant'anni di distanza - è evidente l'insufficienza di considerare come benessere lo stato che deriva da questi parametri. Purtroppo con il tempo si è andata consolidando l'idea che sia sufficiente assicurare a un animale uno stato di *welfare* per dare benessere, ovvero che *welfare* e benessere siano la stessa cosa. Se associamo tale lettura al pietismo zoofilo e all'antropomorfismo tipico della cultura urbana della seconda metà del Novecento, ecco che sinonimo di benessere è diventato «assenza da qualunque sollecitazione problematica», in pratica una sorta di gabbia dorata all'interno della quale racchiudere l'eterospecifico.

Questo paradosso è stato peraltro peggiorato dall'approccio animalista degli anni Ottanta che, pur importante nella discussione degli «interessi animali» e nella proposta di assegnare all'eterospecifico lo status di «paziente morale», si è concentrato soprattutto su coordinate normative di astensione (cosa non bisognava fare) piuttosto che definire delle coordinate propriamente prescrittive (cosa bisognava fare) per assicurare il benessere animale. Si è consolidata pertanto l'idea che, per assicurare il benessere, fosse utile ed esaustivo liberare il soggetto dai carichi del vivere, ossia allontanarlo da qualunque condizione di stress. Così facendo però ci dimentichiamo che il benessere si gioca su un punto di equilibrio dinamico (non omeostatico) tra entrate, in termini di gratificazioni e appagamenti, e uscite, in termini di fatica, stress e quant'altro. Dal momento che nella vita di un individuo non è possibile azzerare le uscite, giacché stress, frustrazioni e fatica fanno parte della vita, è evidente che privarlo di entrate significa che inevitabilmente, nel giro di poco tempo, il saldo va in perdita. Se fosse vero che basta togliere le uscite per assicurare benessere, una zebra dello zoo dovrebbe essere l'animale più felice di questa Terra. Ha sempre cibo assicurato, può dissetarsi *ad libitum*, è libero da infezione e infestazioni, non si trova a sopportare sofferenza fisica o paura, elementi stressori sono, tutto sommato, pochi... tutte condizioni che in natura non potrebbe certo ritrovare. Se le cose stessero veramente così, mettendo ipoteticamente lo zoo in rapporto diretto con la savana, dovremmo aspettarci che tutte le zebre, dalla savana, si trasferissero allo zoo. Viceversa, l'unica zebra dello zoo si dirigerebbe senza dubbio nella savana.

Ciò significa che uno stato di *welfare* non compensa una mancanza di espressione delle coordinate specie-specifiche. Una considerazione che era ben chiara anche ai primi etologi. Qualunque animale è disposto a sopportare fatica, stress, fluttuazioni emozionali e - mi azzardo a dire in tutta sincerità - anche un po' di sofferenza fisica, pur di vivere una vita piena, ovvero di poter raggiungere i target previsti dal suo assetto motivazionale (il concetto di gratificazione) e poter esprimere fino a sazietà (il concetto di appagamento) le sue coordinate motivazionali. Ecco allora che l'analisi motivazionale - ossia l'inerenza, vale a dire ciò che è «proprio di quel soggetto» in relazione alla specie, alla razza e all'individuo - sta al centro di quel benessere animale proattivo (basato sul fare e non sull'astenersi dal fare) che viene chiamato *well-being* e che, senza antropomorfismo, potremmo definire «felicità di specie», ovvero ciò che qualunque soggetto caratterizzato da quei predicati naturalmente sceglierebbe di fare, perché è nella sua natura, vale a dire risponde alle sue vocazioni e alle sue doti.

Partendo dalle motivazioni è pertanto doveroso, se si vuole assicurare benessere, dare al soggetto l'opportunità di esprimerle in un contesto e in una serie di attività coerenti. Per questo oggi ritengo più corretto partire dal concetto di «felicità di specie» che mette al riparo dai tanti propugnatori di un benessere che viceversa è puro maltrattamento, anche se basato su un dolore che non è fisico ma psicologico.

Se rimaniamo sul dolore ci ritroviamo: il bioparco al posto dello zoo, la carne felice[57] al posto dei lager intensivi, l'utilizzo degli psicofarmaci obnubilanti su cani e gatti (ritenuti difficili solo perché espressivi dei loro predicati), le metodiche rincretinenti di training basate sul rinforzo positivo, la vivisezione praticata con analgesici e anestesia, la soppressione eutanasica spacciata per eutanasia.

LA NEGAZIONE DELL'ALTERITÀ

Per inquadrare lo specismo occorre pertanto partire dalla negazione dell'animalità - trasformata in *res extensa* - e dell'alterità nei suoi predicati ontologici e dialogici. Abbiamo visto come la denigrazione cartesiana intrattenga rapporti stretti con il mito prometeico umanistico e parimenti come sia elusiva nel trovare sempre nuovi travestimenti. Ora ci troviamo di fronte a un ostacolo altrettanto complesso, vale a dire atterrare nel concetto di alterità assumendo la differenza senza cadere nell'estraneità. L'alterità come volto in cui mi specchio - e in questo concordiamo concettualmente con Lévinas[58], salvo poi smarcarci dal suo perimetrare nell'umano tale ontologia relazionale - mi indica la differenza e parallelamente la vicinanza. Si tratta cioè di un «altro-*con*-me» e non di un «altro-*da*-me». Per capire la differenza interspecifica è perciò indispensabile comprendere questa vicinanza. Di solito, la divido in due fattori di base:

1. La vicinanza filogenetica o darwiniana, vale a dire le componenti che giustificano l'utilizzo di modelli di «antropomorfismo critico» nell'interpretazione dell'espressione animale.

2. La vicinanza culturale o zooantropologica, vale a dire quei contenuti che, traslati dall'eterospecifico all'essere umano attraverso la cultura, rendono l'umano una dimensione ibrida, avvicinandolo alle altre specie.

Da un punto di vista filogenetico è giustificato assumere un «come se» antropomorfico temperato da una continua messa alla prova, da cui il termine critico, poiché:

a) Tra l'essere umano e le altre specie esistono caratteri condivisi di natura ereditaria ovvero frutto della progenitura comune, definiti anche predicati omologici, che saranno tanto maggiori quanto più l'eterospecifico e tassonomicamente a noi prossimo.

b) Tra l'essere umano e le altre specie esistono caratteri comuni perché di natura adattativa ovvero frutto delle medesime pressioni selettive, definiti come predicati analogici, che saranno tanto maggiori quanto più l'eterospecifico condivida con noi un particolare ambiente o stile di vita.

c) Tra l'essere umano e le altre specie esistono caratteri comuni perché riferibili a esigenze che non sono inquadrabili in modo diretto alla fitness specie-specifica ma che appartengano a bisogni generici che l'essere-animale comporta, definiti anche come predicati universali, che saranno tanto maggiori quanto più si riferiscano ad aspetti di base, come l'essere comunicativi, il tener conto della gravità, la paura, la capacità di adattarsi, il piacere, il dolore.

Cosa ci dicono questi fattori? Una cosa molto semplice: che se è sbagliato antropomorfizzare, ancor più scorretto è reificare o assumere modelli macchinomorfi, giacché dovendo scegliere un termine comparativo - nel comportamento come in anatomia - il confronto va fatto con l'uomo.

Da un punto di vista culturale la vicinanza riguarda altri aspetti che hanno poco a che vedere con il filogenetico e che possono essere ricondotti a due processi:

1. La dimensione ontogenetica, la quale fa sì che, se un cucciolo umano cresce con un eterospecifico, inevitabilmente assumerà da questi dei tratti espressivi; e parimenti che, se un cucciolo eterospecifico cresce in un gruppo umano, assumerà da questo dei tratti comportamentali attraverso un processo che prende il nome di allelomimesi, ovvero apprendere per imitazione.

2. La dimensione antropopoietica, la quale fa sì che un essere umano costruisca la propria identità non solo attraverso la relazione parentale e le esperienze individuali, ma inserendosi all'interno di un canone culturale, che secondo la visione zooantropologica è il frutto dell'ibridazione con le altre specie - rappresentando un «farsi animale» istituzionalizzato all'interno della dimensione culturale.

Questo significa che l'altro animale non può essere considerato un estraneo - vale a dire un'entità totalmente esterna al mio vissuto umano e incomprensibile perché differente. L'eterospecifico è il vicino di casa che, seppur residente all'interno di una casa a me preclusa (tali potrebbero essere certi aspetti della *umwelt*), in realtà:

a) Abita una dimensione condivisa - per esempio, i muri sono comuni e qualche cosa può passare; è ciò che chiamo vicinanza filogenetica.

b) Ogni tanto anzi, abbastanza spesso, mi incontra fuori di casa in spazi che non solo sono comuni, ma aperti a una coappartenenza frequentativa; è ciò che chiamo vicinanza culturale.

Questo mi porta a prendere decisamente le distanze sia dagli eccessi sulla non sovrapponibilità delle *umwelten*specie-specifiche, sia dalle rinunce alla Nagel e infine da chi considera ogni condivisione tra l'essere umano e l'eterospecifico un'indebita antropomorfizzazione. Capire la vicinanza non significa rinunciare a scoprire, come lascerebbe intendere Nagel, né pensare che non ci sia nulla da scoprire, come chi confonde l'antropomorfismo critico con l'antropomorfismo proiettivo. Incontrare il vicino di casa significa cercare di favorire l'avvento ospitale, vale a dire entrare di più nel merito del proprio, ovvero di ciò che ho chiamato col termine di *inerenza*. Ed è ciò che comunemente accade e che purtroppo non viene preso in considerazione né dai filosofi né dagli scienziati, forse perché così comune da apparire banale.

Una persona può adottare un cane mosso da un'aspettativa antropomorfica - magari il bambino che ha sempre voluto oppure un compagno di vita per spezzare la solitudine - e di certo lo interpreterà secondo modelli antropomorfici, pretenderà di raccontargli per filo e per segno i suoi problemi o le sue speranze, e giurerà che il cane comprende tutto e annuisce con gli occhi; si proverà anche in tentativi di antropoformazione, come il vestirlo con cappottino e quant'altro e tuttavia «qualcosa accade». La misura simpatetica, come primo approdo che evita la riflessione solipsistica che sottolinea Stanisław Lem nel suo *Solaris*[59], è indispensabile perché per comunicare occorre sempre partire da basi comuni di interlocuzione, se non si vuole cadere nel totale proiettivo dove l'altro si fa specchio riflettente dei nostri sogni e delle nostre paure. L'altro animale può fungere anche da specchio, ma mai come il pianeta vivente di Lem - o, in definitiva, come il pipistrello di Nagel - in un modo totalmente neutro da riflettere in modo fedele il volto delle nostre proiezioni. Si tratta di uno specchio deformante, capace cioè di aggiungere qualcosa.

Partiamo pertanto da quel «qualcosa accade» che rappresenta il fulcro della mia ricerca a partire da *Il concetto di soglia* del 1996[60]. Tendo a individuare in questo «qualcosa» diversi eventi-effetti, che divido anche per focalizzare meglio i predicati di ciò che forse rappresenta un'unica evenienza:

1. *Effetto soglia*, ovvero tendenza ad aprirsi all'altro, a cercare di trovare dei punti di convergenza, a interessarsi all'altro, a cercare di capire l'altro, realizzando processi di ospitalità.

2. *Effetto epifanico*, vale a dire vedersi nell'altro, ovvero vedersi uccello (angelo) o vedersi pesce (sirena), aprendosi a nuove dimensioni esistenziali; ciò che definisco «l'animale che dunque potrei essere».

3. *Effetto sublime*, individuabile in quel senso di sorpresa o di tremore che deriva dal veder messe in discussione le proprie aspettative ossia di non trovare conferma rispetto ai parametri predittivi posseduti, volano di quel *thaumazein* che sta alla base dei processi di conoscenza (il dubbio, l'interrogarsi, il chiedere risposte).

Quando affermo che «qualcosa accade» sostengo che anche nelle forme più banali di antropomorfizzazione dell'eterospecifico, in questo caso il cane, è in grado di aprire il sistema della persona (cioè il *punto 1*), mostrare alla persona nuove possibilità esistenziali (cioè il *punto 2*), sorprenderne le aspettative accompagnandola in un percorso di conoscenza dell'alterità (cioè il *punto 3*).

L'umanismo rappresenta principalmente un ostacolo all'incontro perché dà forma e stabilisce degli operatori di negazione del carattere di alterità, ovvero delle serrature che mettono in ipoteca l'osmosi e il riconoscimento dell'alterità. Ne ricorderò qualcuna:

a) L'inclusione degli eterospecifici in un'unica categoria, riducendo le differenze tra loro e amplificando lo iato tra gli altri animali e l'essere umano, operando di fatto una categorizzazione impropria.

b) La trasformazione dell'animale non umano in un controtermine rispetto all'umano, cosicché diviene inutile la definizione predicativa dell'eterospecifico giacché si ritiene sufficiente estrarre l'alterità per contrapposizione.

c) L'assimilazione dei predicati eterospecifici come caratteri singolari dell'essere umano, da cui la trasformazione metaforica e simbolica dei diversi connotati degli eterospecifici per manifestare l'umano, assumendo quest'ultimo come sussuntivo della pluralità parziale dei predicati eterospecifici.

d) La sovrapposizione del non umano come ancestralità, attraverso una lettura impropria del darwinismo (l'uomo come derivato dagli animali) che porta a vedere nell'eterospecifico il passato, negando di concerto una presenza dell'eterospecifico e parimenti considerando il «farsi animale» o l'assunzione di predicati animali come regressione, e che definisce tale ancestralità o nei termini di «età dell'oro» - quindi sintonia con la natura, purezza e innocenza, aperto, autenticità - o nei termini di «brutalità» - quindi come aggressività, lascivia, immoralità.

e) La visione dell'animale come «specchio oscuro»[61] vale a dire, in continuità con il concetto di brutalità, polo da cui l'essere umano si deve allontanare e distaccare per poter costruire i propri predicati di umanità e punto di partenza da cui prendere congedo per l'evoluzione dell'umanità.

f) La lettura dell'animale non umano quale «cifra di inferiorità», ciò che Agamben chiama «macchina antropologica»[62], utile non solo per distanziare l'umano dal non umano ma altresì come operatore segregativo e discriminativo all'interno dell'umano.

g) L'identificazione tra animale non umano e leggi della natura, per stigmatizzare una condizione considerata-vissuta come povera, inumana, amorale, distopica, pericolosa, impietosa, non libera[63].

FATTORI DI DISCRIMINAZIONE

Esaminando quanto detto sopra, vediamo che l'umanismo è:

1. Una negazione del carattere di alterità agli eterospecifici, ritenendoli estranei ovvero non prossimi dialogici, ossia entità esterne da rifiutare-rigettare come contaminanti e come untori rispetto all'umano.

2. Una chiusura nei confronti dell'animale non umano ovvero la costruzione di meccanismi di impermeabilità ed espulsione di tutto ciò che viene definito come appartenente alla condizione animale.

Tali coordinate umanistiche stabiliscono dei «fattori di discriminazione», vale a dire di segregazione e rifiuto, che può avvenire attraverso differenti processi:

a) Lo svuotamento dei contenuti dell'alterità, rigettando qualunque inerenza agli eterospecifici, trasformandoli in concetti, simboli, metafore, categorie e confrontandosi solo con queste rappresentazioni.

b) La svalutazione dell'alterità, che può esitare per denigrazione della stessa ma altresì per assolutizzazione dell'essere umano, ritenuto universale, unità di misura, vertice del processo evoluzionistico, apice di una fantomatica scala gerarchica dei viventi.

c) La pretesa sussuntiva dell'essere umano, anche in ambito esplicativo, che giustifica ogni forma di proiezione (reificazione o antropomorfizzazione o altre forme di iconomorfismo) e sostiene l'idea di solipsia ontologica dell'essere umano ovvero una sorta di autosufficienza.

d) L'emarginazione dell'altro o lo sfruttamento dello stesso, sia per predicati effettivi che attraverso tautologie.

e) La chiusura nei confronti dell'altro, il rifiuto di ogni contaminazione, il perseguire un'idea di purezza autarchica, la visione essenzialistica dell'umano, la pretesa di fondare l'umano *iuxta propria principia*.

Se prendiamo in considerazione tali fattori di discriminazione, ci rendiamo conto che:

1. In genere ci si sofferma solo sul punto *d)*, ma non necessariamente esso è il più discriminativo.

2. Esistono forme di specismo particolarmente criptate per il solo fatto di non fare esplicita menzione degli animali non umani o non presentare in modo conclamato un piano di rapporto tra l'uomo e le altre specie.

È errato pertanto considerare lo specismo soltanto in termini di «ideologia dello sfruttamento», vuoi nel senso di teorie filosofiche ed etiche chiamate a proporre azioni vessatorie nei confronti di soggetti di altre specie; o di «prassi di sfruttamento», ovvero di azioni sorte in modo diretto da dinamiche economiche, ecologiche, sociale o quant'altro, dove l'ideologia avrebbe il mero compito giustificativo. Lo specismo non può essere compresso all'interno di poche determinazioni categoriali - come agire o pensare in modo vessatorio - perché la sua dimensione va oltre il mero rapporto tra l'uomo e le altre specie. Come ho detto, non c'è sovrapposizione tra sfruttamento e specismo, nel senso che, mentre tutte le forme di sfruttamento sono il risultato di una premessa specista, esistono forme di specismo che non necessariamente si conclamano nello sfruttamento.

Possiamo fare qualche esempio concreto, in modo da entrare in modo diretto sul problema, attraverso la chiave esplicitativa dell'«essere specisti vuol dire...», che ci può aiutare a capire come talvolta lo specismo sfugga da chiare prassi di sfruttamento o da ideologie discriminative.

Prenderò a disamina i quattro punti di «criptospecismo», vale a dire:

a) Lo svuotamento di contenuti.

b) La svalutazione dell'alterità.

c) La pretesa sussuntiva dell'essere umano.

e) L'idea di purezza dell'essere umano.

Ho evitato di sviluppare il punto *d*), in quanto rappresenta uno specismo esplicito che normalmente viene affrontato nella critica antispecista. I quattro punti che espongo solo apparentemente possono essere considerati meri aspetti fattuali, perché in realtà sono il frutto del paradigma umanistico, ovvero del modo attraverso cui l'uomo ha costruito quell'immagine di sé attraverso la disgiunzione dall'altro animale, la proposta dicotomica di umano e non umano, l'idea elevativa ed emancipativa dell'umano, la costruzione metrico-sussuntiva dell'umano. Le diverse forme di criptospecismo, seppur nascoste, sono tutt'altro che ininfluenti per le conseguenze discriminatorie che sottendono in tutti gli aspetti relazionali o no. Proviamo ad analizzarle:

Punto *a*) Si è specisti, per esempio, quando si abbraccia il cane per mostrargli affetto o si prende in braccio il gatto per tranquillizzarlo circa la presenza di un estraneo, ma lo si è non nell'ignorare le caratteristiche della specie (ignorare è comprensibile) bensì nel pensare che non ci sia nulla da sapere. La banalizzazione dell'eterospecifico - un problema quanto mai presente nella nostra società che dice di «amare gli animali» (zoofilia) ma che in realtà insegue proiezioni, aspettative, icone «tanto, troppo umane» - è una forma di specismo che porta a negligere le peculiarità dell'altro perché non le si ritengono degne di rilevanza. Si è specisti quando si utilizza il termine «animale» in senso categoriale, come facevano i Greci con l'epiteto di *oi barbaroi*: con il risultato di annichilire le differenze tra i diversi eterospecifici e accrescere la distanza tra noi e le altre specie. Si è specisti non solo quando l'animale non umano è usato come contro termine denigrato oppure oppositivo all'essere umano, ma altresì quando lo si esalta e lo si contrappone alla malizia umana. In questo senso le concezioni opposte nell'attribuzione del predicato «aperto», in Rilke[64] e in Heidegger, manifestano entrambe un retrogusto specista. Tanto nel ritenere che sui predicati dell'eterospecifico non ci sia nulla da sapere quanto nella trasformazione categoriale dell'animale come contro termine, lo specismo si manifesta nello svuotamento di contenuti - sia in termine di negligenza che di compressione - che porta a una discriminazione dell'alterità.

Punto *b)* Si è specisti altresì quando si considera la diversità dell'eterospecifico come povertà o mancanza, esattamente come nei primi lavori di antropologia allorché si attribuiva alle culture non europee non una diversità culturale bensì uno stato primigenio oppure di mancanza culturale. In questo caso, è palese la denigrazione dell'eterospecifico nell'attribuirgli una mancanza, ovvero nel ritenerlo un *minus habens* rispetto all'essere umano. Anche il considerare l'umano come assoluto, universale, unità di misura o vertice nelle caratteristiche predicative porta di fatto a una denigrazione dell'eterospecifico con un effetto specista assai rilevante. Considerare gli animali che più ci assomigliano, per esempio i primati e, tra essi, le scimmie antropomorfe, quelli più intelligenti oppure l'utilizzo come metro d'intelligenza delle performatività umane, per esempio l'uso di strumenti, sta all'interno di questa svalutazione specista. Pochi si rendono conto che chiedersi quale sia l'animale più intelligente è già in sé una domanda specista e lo è né più né meno che affermare che alle altre specie manchi un linguaggio. La svalutazione dell'eterospecifico sta al centro del pensiero postsocratico allorché si ritiene che solo l'essere umano sia degno di considerazione filosofica, perché gli animali non hanno nulla da dire e da insegnare a quest'ultimo. La svalutazione si può realizzare umanisticamente ritenendo l'animale non umano: un contro termine, uno specchio oscuro, un'ancestralità, un'entità brutale e tellurica. La svalutazione dell'eterospecifico è il fondamento dell'intero progetto umanistico.

Punto *c)* Un'altra forma di specismo può essere ricondotta all'idea che l'essere umano riassuma i predicati eterospecifici e che pertanto:

i) Non abbia alcun bisogno di entrare in relazione dialogica con essi per costruire la propria dimensione ontologica.

ii) Sia lecito e utile antropomorfizzare le alterità animali per comprenderle e per assicurare loro uno stato di benessere.

Nel pensare che l'essere umano non abbia nulla da imparare dalle altre specie - vuoi perché autopoietico, vuoi perché si ritenga che l'essere umano sussuma l'eterospecifico - si pecca di specismo. Se riteniamo che l'unico rapporto con le altre specie debba necessariamente svolgersi in termini performativi, sia che lo si auspichi sia nel deprecarlo, cadiamo all'interno di un criterio specista. Chi propone di liberare gli animali non umani dal rapporto con l'essere umano non si rende conto di fare un'affermazione specista, ritenendo l'essere umano un'entità disgiunta dalle alterità o, ancor più propriamente, partendo da una concezione ontologica solipsistica analoga al cogito cartesiano. Negando l'ontologia relazionale nel disgiungere discrimina, esattamente come il razzista che, verso i cosiddetti «extracomunitari», afferma: «Stiano a casa loro!». Anche l'antropomorfizzazione ricade all'interno di questo specismo sussuntivo, giacché parte dal presupposto che ciò che vale per l'essere umano debba valere per le altre specie. In genere il maltrattamento per reificazione dell'alterità animale viene immediatamente stigmatizzato, viceversa quello che nega i bisogni specie-specifici - sovente assai più mortificante e vessatorio - viene ignorato, negletto e non preso in considerazione. Ma anche l'antropomorfizzazione è un maltrattamento.

Punto *e*) Esiste infine lo specismo essenzialista che, nel porre la specie a entità originale e statica, sostiene implicitamente la discriminazione, per esempio nel negare qualunque forma di partecipazione o traslazione tra le specie, quale può essere il famoso quesito del pipistrello di Nagel.

Anche le visioni preservazionista (le specie come entità da conservare per un valore categoriale), ambientalista (l'ambiente come bene da conservare integro), ma altresì essenzialista nell'ontologia umana (l'uomo come entità intangibile), nel loro perseguire una logica di purismo, nel difendere steccati a difesa di ogni forma di contaminazione, nel continuo richiamo al peccato di *hybris*, nel cercare di fermare ogni dinamica ibridativa in nome di uno *status quo*, cadono in forme di specismo proprio perché si basano su una «ideologia della specie». Si tratta di uno specismo basato sull'assolutizzazione della categoria «specie», che proprio nell'idealizzazione de quest'ultima dà fondamento alle prassi discriminative. Nel considerare la specie non come un'entità sfumata e metamorfica, un ambiente che s'interfaccia agli altri attraverso scambi e sovrapposizioni, bensì come un'essenza, vale a dire perimetrata attraverso limiti invalicabili e ben definiti e parimenti stabile nei suoi predicati, inevitabilmente si dà un contenuto e una giustificazione ontica allo specismo. Nell'essenzialismo si sviluppa uno specismo basato sulla negazione dell'individuo, inteso come entità capace di svolgere in modo singolare il proprio esserci: mentre nella relazione interumana si fa riferimento all'identità individuale, molto spesso nella relazione transpecifica ci si riferisce ai cani, ai gatti o ai maiali e questo è, a tutti gli effetti, uno specismo.

Da tutto questo diviene chiaro che, per smascherare le diverse forme di specismo, siano necessarie più focali disciplinari e che si debba attentamente evitare di confinare a priori, all'interno di steccati d'indagine o di una teoria genealogica oppure espressiva, il lavoro di analisi e interpretazione.

L'ANIMALE COME INCONTRO

L'animale come incontro, nel complesso gioco di rimandi, identificazioni, proiezioni e centrifugazioni, è ciò che m'interessa quando parlo di alterità. L'alterità non è pertanto un'entità estranea, anche se è lontanissima da un punto filogenetico, presente nella mia esperienza come una spugna o una stella marina o assente nella sua realtà fossile come un trilobite o una *Anomalocaris*[65]. Anche in uno scheletro o solo in un'impronta mi ritrovo. Innanzitutto la sua vicinanza è data dalla consapevolezza di una condivisione nell'animalità - l'animale che dunque sono *à la* Derrida[66] - ossia di un letto o un piano di esistenza che ci accomuna: la proattiva nel non-equilibrio e nella fragilità-vulnerabilità dell'esistere. Nell'altro-animale mi riconosco, trovo un filo di continuità, mi sento a casa. E so che lui mi riconosce, per questo interagisce con me, si aspetta un confronto, a differenza di qualunque altra intersezione col mondo: gli animali si riconoscono come animali.

Non siamo ancora nella nebbia dell'antropomorfismo, poiché nel rivolgersi all'animale in quanto animale proprio di qua-

lunque animale - la iena che minaccia una leonessa per i
nirsi di un carcassa o il lupo che cerca di sorprendere u
- non è data alcuna forma di antropomorfismo. C'è una c
tenenza, un non detto che tuttavia è implicito, nel riconoscere il gioco, la sorpresa, la paura, il desiderio dell'alterità animale. Considerare l'eterospecifico una *res extensa*, ovvero materia, è un'operazione intellettualistica o forse una proiezione onirica, l'ubriacatura di una ideologia separativa che vi porta a negare la realtà. L'umanismo è un miraggio o un delirio, forse piacevole e di certo produttivo, come tutti i sogni, come i vagheggiamenti di isole che non ci sono, e tuttavia non si può sognare in eterno, giacché qualunque sogno protratto dà forma ai peggiori incubi. E temo che anche per l'umanismo, col ventesimo secolo, si sono varcate le soglie dell'incubo.

Ci sono luoghi dove anche la nebbia è realtà con un proprio fondamento; si tratta di una nebbia che modella il paesaggio e non lo nasconde, una nebbia che è concretezza, focale che mi consente di comprendermi meglio. Questo è ciò che accade quando incontro un mammifero, con le sue disposizioni epimeletiche frutto dell'archetipo parentale che ci accomuna, nelle geografie del gioco che rappresentano un bisogno di apprendistato esperienziale per definire un canone di appartenenza non scontato filogeneticamente, nella flessibilità individuale data da una corteccia che sa accumulare i dati dell'esperienza, nel marcato investimento sociale che rende gli animali non semplicemente prossimi ma vicini, perché organizzati nell'interazione anche quando si distribuiscono su un territorio immenso.

Nelle forme giovanili di un cucciolo mi riconosco perché apparteniamo entrambi allo stesso modello evolutivo, il suo frontale bombato e i grandi occhi stimolano in modo spontaneo, come l'acqua da una sorgiva, la mia disposizione adottiva[67]. Mi riconosco in quel sentimento e vi ritrovo ciò che di più autentico e profondo alberga in me: capisco che l'amore non è un ragionamento, non ha nulla di algido e di puro, ma è opaco come il corpo, è organico come le feci, immediato come il pianto o la fame. Ritrovo il mio essere umano nell'animale che dunque sono.

Poi arriva l'inatteso, la differenza, ciò che dà timore e tremore ma che parimenti alimenta il senso di meraviglia, quel *thaumazein* (stupore) che sta alla base della mia ricerca. L'animale che dunque non sono è il sublime, l'infinito leopardiano in cui mi proietto aiutato dal suo converso dialettico, l'animale che dunque sono, l'ermo colle che ci consente di ammirare, di proiettarci lontano e di naufragare dolcemente. Ecco allora che la diversità dell'altro-animale non è una porta che si chiude sempreché, come fa Nagel[68], non abbiamo preconcettualmente chiuso la porta ancor prima di incontrarlo. La diversità dell'eterospecifico è una navetta che mi consente di intraprendere un percorso nell'incognito: lui mi prende per mano e mi conduce su nuovi percorsi, tranquillizzandomi allorché sono colto dalla paura del naufragio nel ricordarmi l'animale che dunque sono. La diversità dell'altro-animale lentamente perde di estraneità, diventa lo spazio del possibile, una nuova casa abitabile. L'altro-animale perde la propria natura esclusivamente fenomenica per farsi epifania: l'animale che dunque potrei essere.

Nel volo di un uccello non c'è più solo il bello e il sublime del fenomeno ma riscopro una dimensione esistenziale raggiungibile e mi ritrovo a volare con le ali di un uccello. La sua coreografia motoria entra nel mio corpo, si fa possessione, ed è l'animale che dunque non sono a muovere il mio corpo in cinestesie a me estranee. Osservare il volo di un uccello non è solo ammirare il volo e non è nemmeno imparare come si fa a volare, ma è prima di tutto ispirazione: imparare che si può volare. Nel momento in cui mi lascio possedere dall'animale che dunque non sono, anche la diversità non è più lontananza.

Ho voluto percorrere queste tre strade di vicinanza per sottolineare in che modo la lettura umanistica dell'animale come estraneo - estraneo in me perché ideologicamente mi proietto in una dimensione altra che prende conclamata distanza dall'essere animale, estraneo nell'eterospecifico perché non vi riconosco alcuna coappartenenza - porti inevitabilmente a formulare la massima espressione dello specismo, ciò che identifica l'animalità come *res extensa*. Cartesio pertanto non è un incidente nel percorso umanistico, ma è la logica conseguenza del paradigma umanistico. Tutti i filosofi che, rimanendo all'interno del pensiero umanistico, esprimono in maniera aforistica la propria vicinanza agli animali non umani, non si rendono conto dell'incoerenza che mina le loro seppur lodevoli proposizioni. Cartesio prima e Heidegger poi, più di qualunque altro autore, hanno espresso in modo coerente ciò che è implicito nell'umanismo, vale a dire che l'essere umano non è «un animale dotato di ragione o di linguaggio», ma più semplicemente non è un animale. Dichiarando la progenitura prometeica e stigmatizzando l'epimeteismo come dimensione del necessitato, inevitabilmente si fondano le magnifiche sorti e progressive dell'umanità nella disgiunzione dimensionale che separa in modo definitivo l'umano dal non umano. L'animalità diventa pertanto una vestigialità da cui l'essere umano si deve mondare e il riconoscersi animale diventa sinonimo di ancestralità, la vicinanza con l'animale assume il significato di contaminazione e impudicizia, il farsi animale perde qualunque connotazione sciamanico-progressiva per divenire regressione. Per l'umanismo occorre alzarsi dal tellurico, resecare ogni margine di contiguità con l'animalità, dichiarare e rendere riconoscibile una non appartenenza alla condizione animale.

Se per un attimo ci allontaniamo dalle cornici umanistiche che portano a considerarci entità indeclinate - non conformati a funzioni adattative - e dismettiamo la pretesa di neutralità metafunzionale, ritroviamo l'altro animale anche quando celato in una profonda diversità etografica e in una remota congiunzione filogenetica. L'altro animale ci parla e si fa capire, perlomeno per quanto concerne gli aspetti di base, gli stessi che stanno al centro della nostra umanità. Avvicinandomi a un nido di calabroni riconosco le loro posture di minaccia, così come posso capire l'orripilazione di un gatto spaventato, le danze di corteggiamento di una paradisea, le virate aeree di una zanzara per non farsi schiacciare, le angustie di una femmina con i piccoli, i guaiti di un cane che si è ferito. L'animale inconoscibile è un'invenzione umanistica, le *umwelten* non sono dimensioni separate ma contesti sovrapposti e dotati di numerose soglie di incontro. Gli scimpanzé e i gorilla che si sono sforzati di apprendere un modello comunicativo che non apparteneva loro pur di creare un ponte dialogico con noi[69], come peraltro abituale dei cani, hanno fatto molto di più di Nagel. Certo, occorre non dare tutto per scontato, giacché le traduzioni maccheroniche sono costellate di errori estremamente comuni nei dialoghi transpecifici. E tuttavia, se sappiamo investigare i neutrini, a maggior ragione perché mai dovremmo arrenderci di fronte a un pipistrello? A meno che la dichiarazione di *epoché* non sia altro che la solita professione cartesiana di egocentrismo che fa sì che solo la risonanza del proprio cogito sia certa. Ritorniamo nel buio umanistico, che da Cartesio a *Matrix* non muta di una virgola, perché fondato sulla solipsia egoteistica dell'essere umano. L'esperienza è altra cosa. Se pensate che abbracciare un cane voglia dire la stessa cosa vigente nei primati - «Ti sono vicino» - il cane vi morde (la realtà resiste) e capite che vuol dire l'inverso. L'eterospecifico è quindi conoscibile.

Ma forse - qualcuno potrebbe obiettare - Nagel voleva dire qualcosa di più profondo, nel parlare di effetto. E allora chiediamoci cosa voglia dire «effetto», vale a dire l'essere-pipistrello o il sentirsi-pipistrello, termini che non possono essere banalizzati - come molti filosofi tendono a fare - nella percezione o addirittura nell'immersione sensoriale. Essere/sentirsi pipistrello ci parla di posizionalità, che ovviamente include l'immersione percettiva ma non viene sussunta da quest'ultima. Essere-animale significa essere «riferito-a», ovvero possedere un'intenzionalità che coniuga-congiunge al mondo in un modo particolare. Ancor prima dei sensi, sono le emozioni e le motivazioni a definire il tipo di congiunzione che il soggetto possiede. Se prendiamo un gattino e un bambino e li facciamo andare su un prato è facile che il primo raccolga i fiori e il secondo insegua una farfalla: il prato è più o meno lo stesso per entrambi, sotto il profilo dell'immersione percettiva (tra uomo e gatto non c'è quella differenza sensoriale che ci può essere tra un uomo e, per esempio, un'ape) ma l'intenzionalità, ovvero il tipo di congiunzione, è differente. Mentre l'uomo si orienta verso ciò che emerge dal contesto, il gatto si orienta verso ciò che si muove rispetto al contesto: se l'immersione percettiva è simile, a cambiare è l'intenzionalità.

L'effetto gatto, come l'effetto uomo, è pertanto un essere-sentirsi coniugati in modo specifico, che non varia a seconda del contesto e non dipende dagli apparati immagine. Su una spiaggia, il bambino raccoglie conchiglie e il gatto corre dietro i remolini di sabbia mossa dal vento. Come si vede, l'intenzionalità non dipende dal contesto. Il contesto definisce solo i target disponibili (i fiori, le conchiglie, le farfalle, la sabbia) a quel tipo di intenzionalità (raccogliere piuttosto che rincorrere) dove il loro essere target non è un fattore assoluto ma dipende, ovvero è costruito, dall'intenzionalità stessa. Il carattere intenzionale pertanto appartiene all'individuo, vale a dire è un'inerenza che definisce la posizionalità del soggetto nell'intersezione col mondo. Ma, allora, l'effetto può essere definito come qualcosa di inconoscibile? Se così fosse, gli etologi dovrebbero cambiare lavoro.

Se assumiamo umanisticamente che solo il cogito è certo - il che significa affermare che di tutto il resto si può dubitare circa l'effettiva esistenza fino a derivare sull'idealistica negazione - allora tutti i nostri discorsi possono essere imputati di fallacia naturalistica e ritorniamo sulle nuvole che il funambolo pensa di poter abbracciare, scoprendo poi che si tratta di nient'altro che nebbia. L'animale è qui, in noi e davanti a noi, ed è un essere-perla-vita, una vita che include anche la morte, una morte che non è semplice cessazione di funzioni, bensì espressione della vita. L'animale che siamo e non siamo è più certo del nostro cogito, galoppa nei sentieri della vita e sa trovare le sue fonti di felicità, è un corpo che dionisiacamente si esprime, una volontà nell'impotenza che sfida le leggi della termodinamica e trasforma le risorse in dotazioni, le leggi in spazi di libertà, il tempo in un universo interno da riempire di infinito.

3.
ANTROPOCENTRISMI | SPECISMI

Ci sono diversi modi per considerare l'atteggiamento discriminativo che l'essere umano mette in atto sistematicamente nei confronti delle altre specie e, di conseguenza, numerosi risultano i piani di analisi dello «specismo» e delle varie espressioni dello stesso. Un'apparente simpatia verso le altre specie può nascondere elementi di negazione e di rifiuto del carattere di alterità del non umano come, viceversa, una violenta introiezione dell'eterospecifico può gettare le basi per un processo antropodecentrativo, primo passo di una messa in discussione della matrice antropocentrica che sta alla base dello specismo.

Ci troviamo di fronte a espressioni ambivalenti e ricorsive, non facili da affrontare in modo netto: in molti atteggiamenti benevoli o, viceversa, discriminativi rinveniamo spesso l'altra faccia della medaglia. Utilizzare i criteri tradizionali di stampo postmarxista per interpretare la discriminazione e lo sfruttamento degli eterospecifici può essere utile[70], ma a mio avviso per nulla esaustivo e in certi casi persino forviante nella sua pretesa di linearità esplicativa.

Nel tracciare un'età dell'oro, si dimentica la macelleria pleistocenica che ha portato la megafauna all'estinzione[71], così come nel celebrare il mito del buon selvaggio in armonia con la natura si tacciono pratiche che presentano forti contiguità con il sadismo. Lo specismo è un fenomeno proteiforme e contraddittorio - caratterizzato cioè da più canoni - dove ogni espressione, per certi versi, discrimina alcuni predicati di alterità; per altri versi, mina alcune fondamenta dell'antropocentrismo. In altre parole, non si può essere manicheisti quando si parla di specismo.

Esistono modi diversi di essere antropocentrici e discriminativi - non esiste un'unica forma di antropocentrismo né un'omogeneità e solidità-coerenza del paradigma - e ciascuno reca con sé stili di specismo peculiari ma parallelamente punti di debolezza e brecce sulla solidità del presupposto antropocentrato. Per esempio, passando da forme proiettive nella decrittazione del reale e dell'alterità a letture macchinomorfe, vediamo metamorfizzare specismi e antispecismi, come se fossero una sorta di *yin-yang* che può solo mutare di forma ma non di proporzioni. Il pensiero magico dà anima antropomorfa a ogni evento e include l'eterospecifico nel novero dei soggetti, ma parimenti detta coordinate antropoplastiche ben prima delle metriche di Vitruvio.

Al contrario, a prima vista la tecnoscienza si mostra come potenziatrice dell'uomo e come strumento di dominio sul non umano, ma parallelamente rende l'essere umano sempre più bisognoso di apporti dall'esterno, ovvero maggiormente coniugato al mondo ed eteroriferito, parimenti assegnando all'ontica filogenetica un perimetro circoscritto di dominio di validità. La cultura scientifica è cioè fortemente incentrata sul dominio della natura ma di conserva svolge nel proprio controintuizionismo epistemico[72] un'incisiva azione antropodecentrativa. Per contro, la banalizzazione dell'eterospecifico nella cultura urbana contemporanea, basata sulla negligenza dei caratteri etografici e concretizzata nel concetto infantilizzato di «pet», non si limita a interpretare ma detta progetti antropoformativi e di omologazione. Così facendo lo deruba dei suoi contenuti di alterità per farne un feticcio che, seppur coccolato e vezzeggiato, non può diventare un compagno di vita, in quanto stigmatizzato nel sintagma «da compagnia». E tuttavia non vi è dubbio che anche la *pet-ownership* abbia le proprie ambivalenze, creando quel *milieu* d'intimità e condivisione indispensabile per far emergere l'intersoggettività dialogica. Vivere con un cane o con un gatto, per quanto immersi nell'ignoranza delle sue coordinate di specie, ci cambia.

Esistono pertanto più antropocentrismi e altrettanto diversificati sono i criteri per rispondere alle implicazioni che investono. Modificando il canone antropocentrico, cambieranno i predicati di alterità discriminati (vale a dire lo stile specista assunto) ma parimenti slitteranno le ipoteche sull'antropocentrismo (le dotazioni antispeciste).

Cosa intendiamo, allora, precisamente con la parola «antropocentrismo», però? Le sfumature semantiche sono innumerevoli e quindi altrettanto diverse le declinazioni, anche in termini di stile specista assunto, che si vengono a configurare. Possiamo avere un antropocentrismo basato sulla trasformazione della condizione umana in una posizionalità ontologica di centralità, dove tutti gli altri enti (ossia i non umani) assumono una dimensione satellitare e quindi di approssimazione, parzialità, inferiorità. Pure qui, i predicati assunti per definire il fuoco posizionale possono essere i più disparati - il linguaggio, la ragione, la coscienza - e differenti le definizioni orbitali.

Possiamo avere:

a) Un macrouniverso che ruota intorno all'uomo alla stessa distanza, tracciando una separazione netta tra umano e non umano.

b) Un sistema planetario, con l'uomo come sole e differenti entità orbitali che ruotano a diversa distanza-approssimazione da lui, per esempio nella visione a differenze quantitative tra l'umano e gli altri animali.

In altre parole, siamo proprio sicuri che, nel dire che tra l'uomo e le altre specie vi siano solo differenze quantitative, non ricadiamo dentro un'affermazione antropocentrica forse addirittura peggiore? Valutare gli altri come soggetti *minus habentes* e non come possessori di predicati diversi, *aliud habentes*, è una delle forme più becere di antropocentrismo. Mentre nel punto *a)* ci troviamo davanti a una netta disgiunzione tra umano e non umano, nel punto *b)* applichiamo un'antropometrica.

Le conseguenze più importanti in termini di discriminazione sono due:

1. Non è dato al non umano ambire a un'ontica che non sia approssimativa all'uomo, ovvero detentrice di specificità e peculiarità non possedute dall'uomo, da cui l'inappellabile giudizio d'inferiorità.

2. È molto facile confondere l'essere orbitale con l'essere funzionale.

Per quanto concerne il punto *1)*, sono palesi l'incapacità dell'uomo ad ammettere, per esempio, intelligenze non umane (portatrici di predicati non presenti nella nostra specie) e la tendenza a ritenere la capacità cognitiva degli altri animali solo come espressione di livello inferiore a quella posseduta dall'uomo. Un pregiudizio disvelabile nella frase: «Anche certi animali sono capaci di... sentimenti, empatia, costruire strumenti, utilizzare parole ecc.», sottintendendo il «quasi come l'essere umano». Questo porta a considerare l'uomo come punto di eccellenza e di sussunzione predicativa: qualunque altra specie deve passare sotto le forche caudine del giudizio umano per poter veder riconosciuto, seppur come approssimazione, il possesso di un certo predicato.

La seconda conseguenza riguarda l'attribuzione di un valore strumentale al non umano. Se il non umano è orbitale all'uomo, è molto facile derivarlo in «funzionale all'uomo» - l'essere alla mano, il perimetrare un *amnios* accogliente l'umano - o, ancora, in «strumento utile all'uomo» - il darsi come prolungamento - anche se non vi è ragione di ammettere una discendenza diretta dell'antropocentrismo etico da quello ontologico. Il considerare l'eterospecifico come satellitare, emergente nella propria disposizione orbitale e circoscrivente una sfera di accoglienza dell'umano, ha tuttavia strette affinità con la sua trasformazione strumentale, l'essere presente in quanto utile all'uomo e mezzo per conseguire l'unico *telos* degno di nota, quello umano[73]. L'essere un fuoco di orbitazione universale, inoltre, assiomatizza l'epistemica antropocentrata: quella umana non è più un punto di vista sul mondo ma il punto di vista sul mondo. La discriminazione si attua anche attraverso la negazione di una «soggettività altra» e l'incapacità di relativizzare la prospettiva antropocentrata.

L'antropocentrismo è perciò, prima di tutto, un modo di posizionare l'essere umano all'interno del mondo ancor prima che una forma di discriminazione, più o meno strutturata in uno stile specista. Il primo aspetto che, a mio avviso, va considerato ha pertanto un significato propriamente filosofico: la tendenza a considerare in modo dicotomico il territorio dell'umano e quello del non umano. Possiamo ritenere questa discriminazione come esito di un particolare paradigma investigativo del reale o, viceversa, come punto di partenza per affermare un'ontologia antropocentrata; di certo non è possibile ignorare l'influenza di plessi valoriali che si basano proprio sulla discriminazione dell'alterità animale e sulla elezione dell'uomo quale fine dell'intero universo. Che l'essere umano sia definito in un rapporto privilegiato con la divinità o come stazione di passaggio verso la spiritualità, che lo si descriva come unico ente dotato di libertà o, per contro, condannato alla razionalità, che ci si basi sul linguaggio oppure sulla consapevolezza della propria finitudine per spiegare uno sguardo verso il cielo che si appalesa nel bipedismo, che lo si rappresenti come frutto di una natura pregnante tale da renderlo superiore a tutti gli altri o, al contrario, carente tale da svincolarlo alla nomotetica della *natura naturans*... il risultato non cambia. Gran parte delle speculazioni filosofiche affronta il problema ontologico appoggiandosi proprio sulla discriminazione: da Platone a Heidegger, è un susseguirsi di comparazioni finalizzate alla mitopoiesi dell'umano. Nell'espressione più estremista di «L'uomo, a differenza degli animali...» o nella forma apparentemente più moderata di «L'uomo è l'unico animale che...», ritroviamo ipostatizzata una discriminazione che non ha nulla a che fare con la constatazione lapalissiana di una diversità specie-specifica dei vari animali - la quale presupporrebbe la semplice constatazione di una pluralità che rende ciascuna specie unica ma affratellata all'interno di una galassia senza centro - bensì che diviene emergenza di due categorie disgiunte, di cui quella umana viene ritenuta superiore all'altra che si presuppone omogenea al suo interno.

LA PROSPETTIVA ANTROPOCENTRATA

Ma è solo un problema culturale? Non credo, anche se ammetto che le diverse culture possano poi confermare in modo più o meno eclatante una tendenza che tuttavia ha radici profonde nell'etogramma di *Homo sapiens*. Sì, parlo di etogramma e già in questa affermazione so di far storcere il naso a molti umanisti, che pongono alla base del proprio *specismo gentile* - quelli che, bontà loro, rispettano gli animali anche per affermare la propria superiorità - una differenza ontica di base: il prometeismo umano e l'epimeteismo dei non umani. Sono quelli che pensano che l'etologia studi il comportamento degli animali, dove con questo termine si esclude l'uomo, che vivono all'interno di dicotomie oppositive - del tipo natura-cultura, istinto-ragione - come Celenterati nella barriera corallina, l'antroposfera coi suoi viluppi tautologici. Quelli che pensano che il darwinismo affermi che l'uomo deriva dagli animali, che l'evoluzione sia un processo di miglioramento con l'uomo come punto omega, quelli che usano la parola «scimmia» per stigmatizzare in senso categoriale ciò che è simile solo in apparenza.

In più di centocinquant'anni di evoluzionismo, passando attraverso studiosi come Ernst Mayr, Stephen Jay Gould, Richard Lewontin, leggiamo il pluralismo filogenetico come specializzazione occorrente: storie di stelle nel firmamento della vita. Anche noi siamo figli di un processo evoluzionistico che ha plasmato in modo peculiare (adattativo) alcune disposizioni cognitive - esattamente come ha confezionato una certa morfologia - che ci portiamo dietro quale retaggio filogenetico. L'antropocentrismo è anche un modo di essere nel mondo.

Non siamo assoluti perché esitiamo da una precisa storia filogenetica, da un processo di specializzazione adattativa: antropocentrismo è anche il non relativizzare il nostro modo di essere nel mondo. Le nostre mani, la conformazione del bacino, la posizione degli occhi, il tipo di metabolismo, la struttura del nostro apparato gastroenterico parlano di una posizionalità adattativa e non di un'immagine della divinità. Si tratta di un corpo conformato per vivere in un certo ambiente e con un particolare stile di vita, da cui l'inevitabilità di un catalogo espressivo e, prim'ancora, elaborativo ben preciso. Dagli studi iniziati dalla psicologia della Gestalt[74] sappiamo che l'essere umano possiede una particolare cognizione percettiva, al di là delle interfacce sensoriali, quali il completamento amodale degli oggetti, la costruzione di margini illusori, la pregnanza. Allo stesso modo le scienze cognitive hanno evidenziato certe tendenze interpretative o euristiche, utili a risolvere in modo sbrigativo o approssimativo certi problemi ma parimenti fallibili o portati a dar luogo a distorsioni, definite per l'appunto con il termine di «biases»[75].

Nel loro complesso possiamo parlare di un'epistemica filogenetica che si caratterizza per modalità interpretative o solutive che non vanno considerate degli assoluti ma delle specializzazioni adattative, e quindi relative e dotate di un punto di vista fortemente centrato sulle caratteristiche della specie. Definita anche come «fisica ingenua»[76] e puntualizzata da Gaston Bachelard[77] quale ostacolo epistemologico, tale epistemica dà luogo a ciò che chiamo «prospettiva antropocentrata» - una sorta di egocentrismo di specie - di pertinenza non culturale ma di retaggio filogenetico. Orbene, si tratta di capire se esistono delle euristiche in tale prospettiva che facilitano l'approccio dicotomico-disgiuntivo, vale a dire quella tendenza a dividere gli animali in umani e non umani, o più semplicemente animali, dando la stura a una messe di discriminazioni conseguenti.

Se così fosse, dovremmo considerare le diverse declinazioni culturali nelle loro variabili confermative rispetto alla prospettiva di specie, dove ciascuna cioè va a rafforzare un aspetto dell'antropocentrismo ingenuo. Quando parlo di un antropocentrismo prospettico non intendo riferirmi a uno specismo come «preferenza verso i soggetti della propria specie» - senza peraltro negare che una sorta di simpatia ci possa essere - ma alle conseguenze discriminative che il retaggio filogenetico interpretativo nel suo portato complessivo può generare.

Parto da una distorsione interpretativa definibile come «bias prospettico», che ci porta ad annichilire le differenze tra le diverse alterità e a enfatizzare la distanza tra noi e gli altri. A esso possiamo peraltro ricondurre le varie forme di distanziamento che stanno alla base dei processi di costruzione dell'identità, non solo umana ma altresì etnica, di genere, di cultura e via dicendo. Nel caso del rapporto «umano *vs.* non umano» tale distorsione porta a costruire una categoria fittizia, quella animale o caratterizzata dal predicato di animalità, che si pretende omogenea o comunque detentrice di uno o più qualità condivise che la differenziano in modo perspicuo rispetto a quella umana. È così che scimpanzé e gorilla si troverebbero ad avere più predicati condivisi con la medusa e con il riccio di mare - essendo tutti inclusi all'interno della categoria animale - piuttosto che con l'essere umano; parimenti, la distanza tra un umano e un'antropomorfa (definizione tutt'altro che innocente) verrebbe amplificata. Quando Jared Diamond propone per l'essere umano l'appellativo di «terzo scimpanzé»[78] ci mostra un'evidenza tassonomica, evidenza che tuttavia cozza con un modo di sentire che non ha un'origine solo culturale, per quanto importante sia stato. Come un bambino è spontaneamente portato a egocentrare il proprio rapporto con il mondo, così è innegabile che l'essere umano legga la realtà attraverso la propria posizione, che pone in risalto la propria differenza e parimenti la somiglianza che lega le sue controparti.

Un'altra distorsione tipica della prospettiva antropocentrata è il cosiddetto «bias proiettivo», ovvero la tendenza a interpretare le alterità attribuendole in modo parziale i propri predicati, trasformandola cioè in un'espressione frammentaria di sé. Nell'antropomorfismo interpretativo come nell'antropoplastica - ossia nella tendenza a conformare il mondo a propria immagine somiglianza attraverso le due strade: dell'antropoformazione, ovvero nel dare fattezze umane al mondo; e dell'antropometria, vale a dire nell'applicare al mondo le medesime proporzioni - la proiettività diviene esito e conferma dell'antropocentrismo.

Questa distorsione sembra contraddire quella precedente, in realtà diviene un ulteriore fattore di discriminazione. Nella proiezione non è dato alcunché che non sia umano, per questo tale bias è una forma di antropocentrismo che sminuisce l'altro di specie per il doppio motivo della privazione delle peculiarità e per la trasformazione in ente approssimato. L'essere umano cerca se stesso nel mondo e vede solo ciò che narcisisticamente lo riporta a se stesso, divenendo in tal modo un'entità assoluta e sussuntiva. Il bias proiettivo è pertanto una sorta di antropocentrismo ingenuo che ci fa comprendere la difficoltà per l'essere umano di interagire con le alterità senza cadere in distorsioni legate alla metrica interpretativa a cui siamo legati inevitabilmente in quanto umani.

Un'altra distorsione è il «bias eiettivo», ovvero la tendenza a espellere quei predicati che non ci piacciono - come la violenza, il genocidio, lo stupro, la codardia - attribuendoli in modo arbitrario all'alterità animale, a cui fa da *pendant* il «bias appropriativo», ovvero la tendenza ad autoattribuirsi dei predicati che viceversa sono caratterizzanti l'eterospecifico - come la monogamia del colombo, la fedeltà del cane, la laboriosità della formica, la mitezza della pecora. Scegliendo in modo pregiudiziale i predicati da rigettare e quelli da assumere si enfatizzano ad arte le differenze tra l'umano e il non umano, trasformando gli eterospecifici in una sorta di «specchio oscuro», per usare le parole di Benson[79]. L'alterità animale perde la sua complessità di sostantivo per farsi aggettivo. Di conseguenza termini come oca, asino, lupo, cicala non designano più un'entità biologica caratterizzata da una propria ontica, ma servono a designare predicazioni disgiuntive, ovvero operazioni di liberazione dell'uomo dalle spoglie dell'indistinto. Così facendo però, operiamo una seconda forma di parzializzazione del non umano, che viene totalmente assorbito dal predicato e diviene a sua volta invisibile agli occhi dell'essere umano. L'antropocentrismo che esita da questi due biases è una sorta di nodo gordiano dove le ricorsività sono tali e tante da rendersi impossibile l'emendamento.

Molto spesso si assume la prospettiva antropocentrata come inevitabile e non emendabile e quindi come giustificazione complessiva dell'antropocentrismo. In altre parole, si dice, essendo l'essere umano immerso nella propria dimensione antropocentrata non è possibile evitare la deriva antropocentrica. Questa riflessione, che peraltro si propone come conclusiva sulla questione, è comprensibile, ma dovrebbe essere posta in forma interrogativa e non assertiva.

Dovremmo chiederci:

1. Può l'essere umano andare oltre o mettere in mora la sua prospettiva filogenetica?

2. Fino a che punto l'essere umano può emendare la prospettiva antropocentrata?

La mia risposta al primo quesito è un sì con riserva, vale a dire che si tratta di un'operazione non scontata e sempre parziale. Non so dire fino a che punto si può emendare ma di certo non lo si può fare completamente. Per questo, preferisco parlare di un processo antropodecentrativo piuttosto che di un rifiuto in toto della prospettiva antropocentrata, attraverso diverse coordinate decentrative come il controintuizionismo scientifico e come l'empatia biocentrica. Assumere una posizionalità antropodecentrata significa non rifiutare la propria prospettiva ma assegnarle un dominio di validità. Per far questo occorre fare ginnastica emendativa, implicita nel lavoro dell'etologo, abituandosi a guardare l'umano come una delle tante immersioni nel mondo. Come l'egocentrismo non rappresenta una trappola mortale e conclusiva nel processo evolutivo del sé, ma può essere più o meno superato attraverso l'esercizio empatico, allo stesso modo l'antropocentrismo ingenuo può essere emendato in virtù di operazioni decentrative.

Se prendiamo altre espressioni della prospettiva antropocentrata, per esempio la tendenza ad animare i fenomeni naturali o a leggere eventi causali come attratti da una finalità intrinseca - e più in generale gran parte della cosiddetta «fisica ingenua» - ci rendiamo conto che, attraverso la prassi controintuitiva, la scienza è stata in grado di fornirci quadri descrittivi ed esplicativi sempre meno antropocentrati. In fondo il geocentrismo tolemaico, la teoria del flogisto, il creazionismo fissista sono esempi di epistemiche maggiormente antropocentrate rispetto ai corrispettivi paradigmi inaugurati da Copernico, Lavoisier, Darwin. L'etologia è la scienza che consente all'essere umano di incontrare le alterità animali nella loro espressione comportamentale - nella percezione come nella comunicazione, nella motivazione come nella cognizione - e questo esercizio conoscitivo non solo consente di acquisire dati importanti sulle peculiarità dei non umani ma altresì dà luogo a una palestra di antropodecentrismo perché ci abitua a considerare il punto di vista dell'uomo come relativo, ovvero non metrico né sussuntivo delle possibilità.

Pertanto possiamo dire che le forme di specismo che esitano dall'antropocentrismo ingenuo non possono cercare una giustificazione nella dimensione biologica, altrimenti ci troveremmo a rifiutare altre forme di superamento dell'intuizionismo filogenetico, come per l'appunto gran parte della teorizzazione scientifica. Non è sufficiente perciò essere uomini per essere condannati all'antropocentrismo.

L'ANTROPOCENTRISMO COME PROGRAMMA CULTURALE

Come la diffidenza verso tutto ciò che è nuovo ed estraneo non è di per sé razzismo, così non è possibile ricondurre ogni forma di antropocentrismo alla prospettiva antropocentrata, ovvero a quella limitatezza interpretativa che deriva dalla specializzazione epistemica della nostra specie, un'ottica che se da una parte ci è stata utile rispetto alle sfide adattative della filogenesi, dall'altra è evidente che, proprio in quanto specializzazione funzionale, non può essere considerata espressione di una focale neutra. Come sappiamo, i processi di evoluzione delle diverse specie non conducono a miglioramenti morfo-funzionali ma a specializzazioni, rendono cioè quella specie sempre più correlata a un ambiente e a uno stile di vita. Per questo le diverse funzioni - dal canone percettivo al modello gastroenterico, dallo stile locomotorio al carattere sociale - si declinano in modo differente in ogni specie, per cui non è possibile stabilire se è migliore il canone percettivo di un gatto o di un cavallo perché di fatto sono specializzati a raggiungere obiettivi funzionali non sovrapponibili.

La funzione non può essere valutata con i termini del più e del meno e nessuna specie può ergersi a unità di misura per un'altra specie, per la non sovrapponibilità dei domini adattativi e perché ogni specie - uomo compreso - non è un'entità neutra ma risulta, a sua volta, una declinazione d'immersione. Il termine di specializzazione indica uno sbilanciamento performativo, ovvero l'essere particolarmente dotati in una funzione e parimenti carenti in altre, e una vera e propria flessione del reale all'interno della dimensione di specie, per cui il mondo percepito dal gatto è profondamente alterato-modificato in virtù dei suoi bisogni specie-specifici (per esempio, la capacità di avvertire il suono ad alta frequenza emesso da un topo), con enfatizzazione di alcuni referti e cecità o addirittura messa in ombra di altri.

La dimensione di specie, frutto della filogenesi, è in definitiva la costruzione di un particolare posizionamento sul mondo, negazione stessa di ogni intento all'oggettività e all'universalismo, per raggiungere scopi adattativi specifici. Non è possibile pertanto considerare la prospettiva epistemica antropocentrata come oggettiva, universale, sussuntiva, bensì come parziale, specializzata, sbilanciata. Anche la funzione cognitiva è infatti frutto della specializzazione adattativa, per cui il modo cognitivo dell'essere umano non è migliore rispetto ai modi cognitivi delle altre specie ma adattato a elaborare i dati presenti nel contesto in un certo modo per produrre «alterazioni interpretative», ovvero parzialità e riconfigurazioni del contesto, vale a dire slittamenti nell'immersione nel reale.

L'epistemica antropocentrata, come una delle tante funzioni del modo cognitivo specie-specifico, non è migliore rispetto a quella di altre specie e non è oggettiva, non è neutra, pertanto non è trasferibile *tout court* e non può ergersi a unità di misura per valutare le epistemiche eterospecifiche. Ammettere questa parzialità o, viceversa, assiomatizzarla come universale sono due operazioni culturali che prescindono dalla prospettiva antropocentrata in sé.

Oggi notiamo la difficoltà a comprendere il progetto culturale inaugurato dal darwinismo e ci rendiamo conto come il nucleo paradigmatico di questo pensiero stabilisca una questione filosofica e non solo una prospettiva euristica per comprendere la tassonomia. Se infatti non si mettono in discussione alcuni capisaldi del pensiero occidentale - come l'essenzialismo, il concetto di *scala naturae*, il canone dicotomico, la lettura umanistica dell'uomo, solo per fare qualche esempio - non solo non sarà possibile affrontare nemmeno i rudimenti dell'evoluzionismo, ma si tenderà a flettere il dettato darwiniano su posizioni che ne contraddicono i principi di base.

Un esempio evidente di questo è l'immagine offerta dall'antropologia filosofica di Arnold Gehlen[80], che pretende di leggere la dimensione culturale dell'uomo come esonerativa rispetto a una condizione biologica carente. Nel suo pensiero ritroviamo i motivi umanistici espressi in quella sorta di manifesto che è il già citato *De hominis dignitate* di Giovanni Pico della Mirandola, dove si immagina - appellandosi a una visione creazionista e quindi fissista - un uomo creato al di fuori di un rango biologico, sprovvisto cioè di declinazioni performative, e perciò stesso proteiforme e autopoietico.

Tuttavia, se è comprensibile l'immagine pichiana, inserita nella sua temperie culturale, non altrettanto può dirsi a seguito del dettato darwiniano.

I motivi sono innumerevoli, ne accennerò solo quattro:

1. Perché non è pensabile la comparsa di un inetto adattativo, vale a dire di un essere vivente che, privo di ogni capacità di sostentamento e quindi totalmente onerato, debba affidarsi a un esonero esterno.

2. Perché l'essere umano è prossimo a specie, come i primati, dal profilo etografico tutt'altro che inetto e, al contrario, particolarmente dotate di strumenti adattativi di tipo innato, cosicché è impensabile un'improvvisa delezione.

3. Perché analizzando la struttura somatica della specie umana, e in particolare l'organizzazione filogenetica del sistema neurobiologico, ci troviamo di fronte a un frutto dell'evoluzione tutt'altro che carente e approssimativo.

4. Perché da un punto di vista evoluzionistico la relazione coevolutiva con un supporto, che plasma il sostrato somatico sull'elemento esterno rendendo il primo bisognoso del secondo, è sempre a posteriori e non è mai data da una carenza a-priori, ossia è lo strumento che provoca lo slittamento delle pressioni selettive sulla performatività autonoma dell'organo.

Il tentativo di Gehlen pertanto ci pare un'operazione disperata per salvare capra e cavoli, in altre parole umanismo ed evoluzionismo, ma assolutamente inconsistente.

L'umanismo nei suoi fondamenti - dalle verticalità pichiane al funambolismo incerto di Nietzsche - trasforma la prospettiva antropocentrata in un programma filosofico antropocentrico, enucleando l'uomo dal suo farsi evoluzionistico e considerandolo come entità originale indeclinata. Tale operazione arbitraria pretende di trasformare tutti i predicati della nostra specie in dotazioni indeclinate e quindi neutre-universali, tali da poter permettere una serie di operazioni:

1. Eleggere l'uomo come unità di misura per definire lo statuto ontologico delle alterità, non ammettendo elementi incommensurabili attraverso la metrica umana.

2. Considerare l'uomo come entità virtuale che può assumere qualunque forma e che quindi si propone come sussunzione del mondo attraverso l'*amnios* tecnosferico.

3. Interpretare l'uomo come centro intorno a cui orbitano le alterità, che inevitabilmente diventano approssimazioni e quindi inferiori per definizione.

In tal senso non è possibile, a mio avviso, una proposta antispecista, che non presenti contraddizioni nei termini e aporie, rimanendo all'interno del paradigma umanista. Un antispecismo umanista, per quanto encomiabile sotto il profilo degli obiettivi che si propone, presenta indubbie difficoltà:

a) Non può far altro che leggere l'ammissione d'interessi non umani in una prospettiva emancipazionista, indigeribile per chiunque conosca la perspicuità della presenza di interessi diversi.

b) Deve cercare dei predicati di soggettività affidandosi al modello antropocentrato, con il rischio di porre barriere arbitrarie tra categorie di animali.

c) Deve porre l'accento sui predicati individuali, quali la senzienza, la biografia, il *telos*, perdendo di volta in volta pezzi di ontologia sistemica che, viceversa, spesso stanno al centro del problema.

d) Deve far affidamento a una concezione ragione-centrica delle categorie morali perdendo i connotati empatici, simpatetici e di consenzienza dell'etica.

Tuttavia, anche nell'umanismo esistono ambivalenze e sarebbe un errore considerare la riflessione umanistica solo in senso antropocentrico. Non dimentichiamo che è proprio in seno all'umanismo che si sviluppa quella rivoluzione scientifica che ha aperto la strada alla messa in discussione della fisica ingenua e che ha sviluppato quel processo tecnopoietico che ha filiato una moltitudine di strumenti consentendo una pluralità di interfaccia e, di conseguenza, ponendo in evidenza la parzialità di quella filogenetica. A fronte di tutto questo, oggi possiamo dire che l'epistemica antropocentrata ha un dominio di validità, un perimetro all'interno del quale produce prestazioni interpretative della realtà adattative rispetto ai bisogni che si sono andati affastellando lungo la filogenesi della specie umana. Ecco allora che i biases cognitivi antropocentrati vanno considerati sotto il profilo evoluzionistico esattamente come le altre morfo-funzioni speciespecifiche - la forma di uno zoccolo, l'ecolocazione, il rumine e quant'altro - vale a dire nei termini di specializzazione adattativa dove ciò che ci appare come distorsione in realtà non è altro che il contrappasso del valore di fitness ottenuto all'interno del perimetro di utilità. Questo ci porta a considerare la prospettiva antropocentrata nient'altro che una specializzazione adattativa, i cui benefici apportati (le virtù) hanno-contemplano inevitabilmente dei punti di debolezza e delle contropartite (i vizi).

Per evitare di universalizzare la prospettiva antropocentrata è indispensabile pertanto assumere un punto di vista darwiniano e questo non è affatto facile anzi, come abbiamo visto, esso stesso costituisce una controintuizione. Per tale motivo, l'essere umano fatica ad assumere una posizione problematica sul proprio punto di vista, che non cada nel relativismo sofistico dell'arbitrarietà soggettiva.

Di qui il paradosso antropocentrico con cui ci confrontiamo tuttora nel contesto dicotomico delle due culture:

1. L'umanista è in genere portato a discutere sui diritti animali senza mettere in discussione l'universalità degli interessi.

2. Lo scienziato è consapevole della parzialità ma spesso rimane ancorato al concetto di sapere-dominio.

L'umanismo, che in realtà alimenta tanto l'umanista quanto lo scienziato, da una parte ha dato vita a contromisure rispetto all'antropocentrismo prospettico - favorendo processi decentrativi che, come sottolinea Bachelard[81], vanno considerati una «seconda natura» e non semplicemente un'estensione della prima - dall'altra, ponendo l'uomo come centro, ha sviluppato un progetto o paradigma di esaltazione dell'umano e di svalutazione o annichilimento del non umano.

Come uscire da questo paradosso? Forse superando l'apparente dualismo e riconoscendo l'unità di matrice delle due culture che, poggiando su un'interpretazione prometeica dell'ontologia umana, danno vita a un antropocentrismo centrifugo, se confrontato con la prospettiva antropocentrata, ma disperatamente ancorato al concetto di uomo-al-centro, per cui non antropodecentrativo ma antropoespansivo. In questa visione contraddittoria, alla soggettività individuale è affidata un'esplosione che tuttavia implode nell'ancoraggio antropocentrico, lasciando il soggetto privo di un orizzonte.

Dove ancorare l'altro capo della fune nietzschiana? Forse dovremmo affrontare il farsi individuale con strumenti interpretativi differenti rispetto a quelli che ci offre l'umanismo, ammettendo che dalla parzialità filogenetica antropocentrata non si sfugge attraverso un'operazione antropocentrica espansiva ma mettendo in mora proprio il concetto di centralità dell'essere umano.

D'altro canto, per antropodecentrarsi è indispensabile riconoscere non solo la soggettività degli animali ma:

1. La presenza di ontologie differenti e, di conseguenza, di soggettività altre, dotate di interessi non sovrapponibili o solo in parte con quelli umani.
2. La capacità dialogica e relazionale - e quindi non solo interattiva o performativa, ma reciprocativo-transazionale - degli eterospecifici nel rapporto con l'uomo.
3. Il valore epifanico, cioè non meramente fenomenico, dell'incontro con l'eterospecifico come alterità in relazione.
4. La presenza di realtà sistemiche che presentano proprie ontologie e sono dotate di interessi inerenti.
5. L'importanza delle coordinate emozionali nell'espressione etica.

Antropodecentrarsi significa riconoscere tanto nell'antropopoiesi quanto nella costruzione della propria identità individuale il concorso contaminativo delle alterità. Possiamo pertanto dire che non è tanto la prospettiva antropocentrata a rendere l'uomo fermo-stabile nel suo antropocentrismo, quanto la difficoltà a mettere in discussione tale prospettiva.

PARADIGMI DISCRIMINATIVI E FORME DI ANTROPOCENTRISMO

Non esiste un paradigma che possa dirsi immune dalla deriva confermativa della prospettiva antropocentrata, per cui sono abbastanza critico nei confronti di chi vuole individuare culture antropocentriche e culture non-antropocentriche in modo manicheista, anche se è indubbio che diano vita a forme differenti di antropocentrismo, più o meno eclatanti nel processo di discriminazione o più o meno invasive sotto il profilo del maltrattamento tollerato-promosso nei confronti delle alterità animali. Troppo spesso - ovviamente non da parte di chi ha consapevolezza animalista - si è pronti a stigmatizzare il maltrattamento operato dagli altri, per cui gli inglesi e gli italiani inorridiscono di fronte alla corrida, ma guai a mettere in discussione la *fox hunting* e il palio di Siena, si condanna la caccia ai cuccioli di foca e alle balene ma si accetta la mattanza del tonno e del pesce spada, si condanna la vivisezione ma si dà per scontato il consumo di carne, non si mangia un certo animale se viene considerato *pet* con ribrezzi etno-dipendenti, si punta il dito contro la macellazione rituale ma si tollera l'allevamento intensivo, si toglie il *foie gras* dagli scaffali ma si tiene la fettina di vitello o di carne bianca, si fa largo consumo di rodenticida e nessuno osa la benché minima petizione, si uccide lo scoiattolo grigio per difendere lo scoiattolo rosso, ci si commuove in una mostra felina ma si storce il naso in una prova di equitazione. È vero che assumere una posizione etica significa sempre condannarsi all'incoerenza - chi non rispetta nessuno è sempre coerente - ma è altrettanto vero che, molto spesso, le contraddizioni assumono forme eclatanti, tali da richiedere una riflessione.

In genere si parla di antropocentrismo facendo riferimento a espressioni di palese discriminazione del non umano:

a) Nel riconoscimento di condizioni come la senzienza, intesa quale capacità di provare dolore e non semplicemente di subire una sofferenza organica.

b) Nel riconoscimento di interessi di base, come le cinque libertà enunciate a seguito del *Brambell Report*.

L'antropocentrismo etico, a cui molti fanno corrispondere il concetto di «specismo» - o discriminazione dell'altro per il solo fatto di appartenere a una specie non umana - si basa, più che su definizioni ontiche, per quanto variamente chiamate in causa subdolamente e in modo tautologico per giustificare il terreno di gioco degli interessi, su appelli di rilevanza morale o di gradienti che tuttavia sembrano aleggiare nell'etere. Lo specismo prevede forme diverse di discriminazione che vanno dalla 1) negazione *in toto* di un qualunque statuto di «pazienza morale» agli eterospecifici, ritenuti privi di un qualsivoglia status passibile di rivendicazioni o di attenzioni morali, alla 2) riduzione a forme di inferiorità morale dell'interesse non umano rispetto all'interesse umano.

Se senzienza, riflessività, possesso di un *telos*, presenza d'interessi inerenti, dotazione biografica, consapevolezza del sé non hanno pertinenza morale, in un'applicazione francamente eccessiva della forbice humeana che distingue i fatti dai valori[82], volendo evitare l'appello tautologico del «perché non sono umani», dove fondare tale discriminazione? Come sappiamo, non esistono predicati che tutti gli uomini possiedono e nessun animale ha, per cui si deve assumere qualcos'altro. Ma cosa può giustificare una discriminazione così profonda e invasiva? La comune appartenenza? Il senso di vicinanza? Se così fosse però, che dire della vicinanza affettiva che mi fa piangere se muore il mio cane e mi lascia sentimentalmente indifferente alla morte di uno sconosciuto? Tuttavia, lo specismo non è solo questo. Dal mio punto di vista, esso non corrisponde all'antropocentrismo etico, ma si cela in qualunque forma di negazione dell'alterità animale, per cui è indispensabile andare a stanare tutte le forme di specismo che si nascondono sovente anche in forme emancipative del diritto animale.

In molte culture tradizionali e soprattutto nel pensiero magico, ma altresì nella contemporanea civiltà urbana desertificata della presenza concreta degli animali e per contro affastellata d'icone animali e di tradizioni disneyane[83], notiamo una prevalenza proiettiva, con antropomorfizzazione dell'eterospecifico che difficilmente viene reificato ma, proprio per questo, con facilità subisce processi di depauperazione dei predicati peculiari. Tale confermazione della prospettiva antropocentrata, che chiameremo «antropocentrismo proiettivo», si basa su un'espansione dell'*anthropos* nel mondo esterno, una sorta di deflagrazione - da cui la sensazione di un antropocentrismo centrifugativo - che può avvenire in modo sistemico o globale, con palese antropomorfizzazione del non umano, oppure parziale e frammentario, con tendenza a riconoscere nei non umani dei predicati dell'umano.

Sia che il processo di antropomorfizzazione plasmi-conformi in modo complessivo e sistemico l'eterospecifico rendendolo irriconoscibile nelle sue qualità - e quindi emarginato perché di fatto non accettato - sia che ciò avvenga in modo parziale, dando vita a una trasformazione satellitare del non umano, che reso approssimazione non può far altro che orbitare intorno all'uomo ma mai sedersi a tavola con lui, è evidente che l'antropocentrismo proiettivo non consente una situazione dialogica perché toglie all'alterità animale qualunque facoltà di parola. L'atteggiamento proiettivo spoglia l'animale non umano delle sue qualità - nel senso di negare, rifiutare e mortificare i predicati ontici dell'alterità stessa - e in ciò e trasforma la prospettiva antropocentrata, nel suo antropomorfizzare l'altro, in un vero e proprio processo di segregazione del non umano. Al di là dell'aspetto introspettivo, che chiede prassi cannibaliche e di speculazione (l'animale trasformato in specchio), lo stile proiettivo diventa un progetto sul mondo, la metamorfosi dell'alterità che viene antropoformata, e in questo senso conferma la prospettiva e disgiunge l'essere umano da un confronto vero con l'alterità.

Si tratta, a mio avviso, di una forma di discriminazione dell'alterità estremamente potente in quanto:

a) Portata alla negazione di un'ontologia altra e incapace di accettare veramente l'eterospecifico nelle sue espressioni divergenti rispetto all'uomo.

b) Propensa a generare sulla base della discriminazione del prossimo quasi-umano altre forme di discriminazione, ovvero a dar vita alla «macchina antropologica».

L'eterospecifico viene coinvolto, suo malgrado, in questo processo di antropoformazione del mondo e trasformato in una particolare declinazione dell'umano a cui assegnare in modo arbitrario contenuti e interessi. In tal modo, l'essere umano non vede più alterità animali, né nel loro apparire fenomenico interattivo - per cui non può rispettarli - né nel loro mostrarsi in modo epifenomenico relazionale - per cui non può riconoscerli, ossia connetterli a sé. Cani costretti a tavola con i loro compagni a due zampe, gatti accarezzati fino al corto circuito elettrostatico, cavalli stabulati dentro ridicoli box che non permettono alcuna forma deambulativa, criceti costretti in gabbiette dorate e dotate di fondo profumato, pesci rossi dentro orrende bocce di vetro di forma sferica. Il magico mondo dei *pet* nasconde, attraverso mille artifici criptici, sottili, seppur pesanti, forme di maltrattamento, che ai nostri occhi sembrano regalie: quanto sono viziati questi *pet*!

L'antropomorfismo pare addirittura il contrario dell'antropocentrismo, se è vero che è proprio nell'abbandono della proiezione che l'uomo ha acquisito il dominio sulla natura assumendone centralità. Ma questa è una visione parziale: l'antropomorfismo è una delle tante manifestazioni dell'antropocentrismo. Nella proiezione l'egocentrismo di specie trova le sue conferme posizionali (il mondo gira intorno a me) e può rifugiarsi dentro questa sfera antropocentrata dove ricorsivamente riceverà nuove conferme di centralità. In questo caso l'eterospecifico viene discriminato perché non gli si riconosce la propria diversità, quei «diritti diversi» che non possono essere barattati nel sintagma «diritti ai diversi», ossia in quella logica emancipativa che poggia le proprie fondamenta sull'umanismo. Si è discriminati tutte le volte che non si è riconosciuti.

Un'altra forma di antropocentrismo si realizza nell'operazione inversa di appropriazione dei predicati dell'alterità animale, una sorta di antropocentrismo fagico che pretende di eleggere l'uomo quale entità sussuntiva del mondo. Anche in questo caso ritroviamo una discriminazione dell'eterospecifico in senso limitativo: l'animale non umano non è più un ente complesso, portatore di un'ontica propria non sussumibile da parte dell'uomo, ma diventa testimonial o rappresentante di un predicato dell'uomo. La forza del toro o la leggiadria dell'uccello, da assumere in forma simbolica o metonimica oppure da leggere in senso zoofisiognomico, a prima vista celebrano l'animale, quando in realtà sono funzionali a magnificare la pluralità dell'uomo. Si tratta di un «antropocentrismo inclusivo» che trasforma i non umani in esseri inferiori perché parziali rispetto alla complessità umana. Questa tendenza al cannibalismo introiettivo del prossimo animale - chiamato spesso a esemplificare in vivo e attraverso la carne i predicati, i simboli, gli auguri e le catarsi da assumere - in molte culture tradizionali moltiplica le liturgie e i rituali che vedono gli eterospecifici come vittime sacrificali dell'essere umano. Si tratta di cerimoniali il più delle volte raccappricciant, basati sul sangue e sulla sofferenza - diretta conseguenza della «fame antropotropica» che nel martirio dell'animale cerca i contenuti da introiettare.

Anche in questo caso, come nel precedente, non manca la corda simpatetica, ovvero la capacità di riconoscere nell'eterospecifico dei tratti di comunanza: purtroppo però, ogni rapina implica una negazione del debito. Si riconosce la natura soggettiva, e quindi senziente, dell'eterospecifico - giacché solo se l'animale è considerato un prossimo ha senso il rituale di sacrificio - ma nello stesso tempo prevale l'asse competitiva che rende prerogativa del vincitore l'assumere le spoglie del perdente. L'antropocentrismo inclusivo trasforma l'animale in un prossimo che possiede doti che io, come umano, non possiedo ma che vorrei. L'eterospecifico è riconosciuto nel momento stesso in cui è invidiato, divenendo così una controparte da spogliare.

Il cacciatore dice di rispettare la selvaggina proprio nell'atto di ucciderla, di volerla far sua, e purtroppo dobbiamo riconoscere che c'è del vero in queste parole. Ma dobbiamo rivolgerci a quel termine, «rispetto», a quel verbo, «rispettare», e solo allora capiremo che ci stiamo riferendo a cose differenti. Il cacciatore deve conoscere la sua preda per ucciderla, così come il gatto deve farsi topo per mangiare. Un etologo sa che le zampe del ghepardo parlano della velocità della gazzella. Ma basta riconoscere per rispettare? I due termini sono sinonimi? Esistono diverse forme di rispetto? O più semplicemente, come io credo, tra i due termini c'è un'asimmetria concettuale? Occorre riconoscere per rispettare, ma non basta riconoscere per rispettare.

Inoltre, va considerato il portato ambivalente dell'onore delle armi. Ammirare e tributare onore, ammettere i predicati dell'altro, è spesso prerequisitivo per rafforzare l'immagine del vincitore, come la storia ci insegna dai Persiani di Eschilo in poi. Qui vige una forma di specismo nell'atto stesso ovvero nella struttura dell'atto stesso del riconoscere, che è finalizzato a magnificare un termine a dispetto dell'altro. La discriminazione sta nell'assunzione di un diritto, quello di rapinare il predicato altrui, la cui affermazione richiederebbe un qualche fondamento, se non vogliamo ricadere nella tautologia. Il ghepardo ha il diritto di cacciare la gazzella? Domanda retorica che pretenderebbe una traslazione sul comportamento venatorio dell'uomo. Certo, come il leone ha il diritto di mangiarsi l'essere umano: chi si fa avanti per confermare lo *ius naturalis*?

Per quanto ci riguarda poi, non abbiamo alcun diritto predatorio consegnatoci dalla *natura naturans*, se consideriamo la nostra struttura morfologica, fisiologica ed etografica. Ragion per cui farei attenzione a rivolgermi a esemplarità incongruenti come il rapporto ghepardo-gazzella. E comunque non la metterei in questo modo perché in tal senso sono d'accordo con Hume:

dai fatti non discendono valori. Forse è più corretto - spizzicando qua e là tra l'ultimo Konrad Lorenz e Hans Jonas[84] - affidarsi a un rapporto tra capacità operativa e responsabilità di scelta. Il solo fatto di sentire il bisogno di munirsi di apparati sacerdotali e liturgie per trovare un consenso o una pacificazione ci testimonia un sentire come blasfemo e innaturale l'atto di animalicidio[85]. Ma il problema non è tanto nell'analisi del diritto di uccidere - che ci porterebbe lontano - quanto nella discriminazione priva di fondamenti che vede l'essere umano il termine da confermare.

DEL GHEPARDO E DELLA GAZZELLA

Quante volte, osservando un documentario, ci siamo imbattuti in una scena di predazione - il primo piano di un erbivoro intento a brucare in santa pace e poi l'agguato nascosto che fa presagire il peggio - provando compassione per la preda e sperando nel profondo del cuore che possa sfuggire al suo carnefice. La morte e la sofferenza della preda sono conclamate e non hanno bisogno di alcuna chiosa esplicativa: stanno nella comunicazione corporea della paura, nelle vocalizzazioni pedomorfiche che la preda assume, in una regressione che ci trasmette il carattere etepimeletico di ogni richiesta d'aiuto, nel breve passaggio temporale tra la sorpresa e l'essere ghermito che si amplifica nello iato immenso che divide la vita dalla morte. Prima c'è un corpo che agisce, che si proietta in un futuro indeterministico, un corpo protagonista del suo qui e ora, poi c'è un ammasso di carne che mantiene solo l'esoscheletro dell'animale, un corpo abbandonato alle leggi gravitazionali che lo fanno cadere verso il basso e a quelle termodinamiche che iniziano a lavorare in senso entropico, proprio come se qualcosa, l'anima, fosse fuggita da qualche altra parte.

La predazione ci mostra l'esposizione del vivente, la sua vulnerabilità, l'equilibrio instabile che tiene tra due domini quel corpo, i cui confini si affacciano su un interstizio carico di sofferenza. Tra la vita e la morte sta l'impotenza dell'essere esposti alla sofferenza, ultimo vagito della vita, della fragilità della vita, della sua instabilità. La predazione interrompe un miracolo della fisica, scompone ciò che non può essere diviso senza perderne irrimediabilmente le qualità essenziali. Gli organi senza vita testimoniano ancora la loro organizzazione intimamente declinata alla funzione, in una perfezione architettonica che meraviglia al punto da farci apparire l'atto predatorio quale spreco o addirittura empietà, come se a essere distrutta fosse un'opera d'arte.

I miei ricordi di tirocinante al macello di Bologna sono ancora vividi nella trepidazione che provavo di fronte al breve spazio che separava il tunnel di processione dalla catena di smontaggio, interstizio minimo tra la grandezza della vita e la nullità della morte, nel maneggiare quegli organi ancora caldi di vita e palpitanti inutilmente e nell'osservare la loro perfezione a perdere. La predazione è un *topos* di ogni documentario, il piatto forte capace di attirare l'attenzione anche al più disattento, in un voyeurismo che testimonia il nostro bisogno speculativo: guardare nel profondo tunnel della morte per capire qualcosa di più delle nostre paure.

Talvolta la predazione è agghiacciante, com'è il caso della mantide religiosa che, afferrato il corpo della vittima, la divora lentamente con un ondeggiamento del capo trigono che la fa assomigliare a una ricamatrice, se non fosse che sul tessuto somatico della preda, a ogni passaggio, viene sottratta un'orbita di carne. Anche i costumi delle vespe solitarie ci appaiono terrificanti nel loro anestetizzare il controllo motorio di un bruco e inseminare il suo corpo di uova da cui sgusceranno larve sarcofaghe che lo svuoteranno dall'interno. L'uccisione dei neonati, poi, ci trasmette un senso di repulsione ancora più consistente: per esempio, la strage delle giovani tartarughine che tentano di raggiungere il mare a opera dei gabbiani o lo strappare un cucciolo dal genitore per divorarlo, come succede di frequente nella quotidianità della savana. La predazione ci appare ancora più fastidiosa se il predatore sembra prendersi beffa o giocare con la preda, come fa il gatto con il topo o l'orca con la foca.

Se la predazione ci pare un atto crudele e comprensibile, il giocare con la preda viene interpretato da noi come un atto sadico, di inutile violenza o, peggio, di celebrazione della violenza. Dimentichiamo che la predazione è una lotta per la vita, che non può darsi senza una spinta motivazionale altissima, una scarica di neuromodulatori che devono modificare lo stato emozionale del soggetto permettendogli di superare la paura che qualunque scontro evoca. Il predatore ha paura, la sua eccitazione vibra ancora nel periodo successivo all'attimo fatale.

Inoltre, misuriamo la violenza in termini di efficienza ed efficacia dell'atto predatorio, per cui proviamo un turbamento inferiore nell'osservare la predazione chirurgica di un leopardo piuttosto che quella prolungata di un gruppo di licaoni, la facilità di uccisione con cui un grosso calabrone decapita una piccola ape piuttosto che i prolungati tentativi di un leone su un bufalo cafro. Siamo più sensibili verso gli atti predatori che provocano squarci nel corpo e smembramenti piuttosto che verso i soffocamenti anche se prolungati. Con questo voglio dire che esistono dei gradienti di empatia anche nei confronti della preda e che non possiamo ergerci a valutatori oggettivi del livello di violenza che sta all'interno di un processo predatorio. In questo dimentichiamo le anestesie endorfiniche che si attuano nello sforzo e nella sofferenza, palliazioni indispensabili per abbassare il peso della disabilità algica e mantenere alta la capacità di mettere in atto un estremo, ultimo sforzo verso la salvezza. Rabbrividiamo perché simpateticamente ci immedesimiamo, come se la nostra filogenesi squadernasse immagini di terrori a-priori che ancora popolano i nostri incubi.

Ma cerchiamo per un attimo di mettere il fermo immagine sulla scena, nell'istante che precede l'interstizio carico di sofferenza che separa i due domini del corpo, e cerchiamo di valutare le ragioni di quei due corpi e la violenza che comunque li attende. Il loro «esser-vivi» implica un'apertura verso il mondo che non può essere disambiguata, vale a dire che nutre ed espone parimenti, onde consentire il processo neghentropico che sostiene un'organizzazione termodinamicamente instabile e improbabile. Più che chiusi dentro una *umwelt*, entrambi abitano le zone marginali di storie filogenetiche dialettiche e proprio nella predazione confrontano-realizzano, cioè profilano biologicamente i propri domini, interfacciati molto prima della loro emergenza come entità individuali: la velocità del ghepardo è la stessa della gazzella e viceversa, per cui possiamo dire che nel ghepardo la velocità è stata creata dalla gazzella, così come l'inverso. La predazione ha dato forma a entrambi e in questo ha creato una condizione di sostanziale parità tra i due dialoganti. Da ciò concludiamo che, non conoscendo l'esito del confronto - la scena è ghiacciata sul fermo immagine -, l'interstizio di sofferenza non ha ancora una direzionalità di flusso: può andare verso la gazzella che soffrirà e morirà perché raggiunta dal ghepardo, come per contro può prendere decisamente la direzione del ghepardo che non raggiungendola morirà di fame. Se gazzella e ghepardo fanno parte della stessa dialettica filogenetica, cioè dello stesso processo che li ha conformati, possiamo dire che anche la preda è responsabile (ovviamente non in senso morale) della necessità inderogabile di predazione del ghepardo. Il ghepardo cioè non può scegliere, la gazzella non facendosi raggiungere compirà un atto di violenza su di lui, condannandolo a morire di fame. La sofferenza della gazzella è un atto pubblico, quella del ghepardo un atto privato, ma entrambi sono interrelati dalla vita e dalla morte.

Ora, se tutto questo è vero, comprendiamo come l'attribuire il termine «violenza» agli atti aggressivi o predatori sia antropocentrico e arbitrario. Nessuno considererebbe violento un essere umano che usasse la forza per difendere la propria incolumità messa in serio pericolo o per salvare il proprio figlio da un rischio mortale. L'atto predatorio e la risposta aggressiva fanno parte di quella dialettica filogenetica che non ha nulla a che vedere con la scelta violenta, giacché nella predazione di un ghepardo ci troviamo di fronte a un atto necessitato, né più né meno che l'orbitazione del satellite lunare intorno al nostro pianeta. Il ghepardo, predando, difende la propria incolumità o difende quella dei figli, non compie alcun tipo di violenza.

Il confronto predatorio realizza il patto filogenetico, non lo viola; mantiene e costruisce la parità tra gli sfidanti - nella velocità della corsa come nella capacità di sostenere lo sforzo. Non riscontriamo alcuna violazione di quell'ecocentrismo che assicura la vita alle gazzelle proprio nel temperarne una crescita popolazionale che provocherebbe un altro tipo di sofferenza: il morir di fame dovuto all'aver consumato tutte le risorse edibili.

Ma allora quando nasce la violenza? A mio parere, la violenza emerge nel momento in cui un atto non fa parte degli eventi necessitati o conformati dalla dialettica filogenetica e quindi diventa deliberazione, un atto cioè che si basa su una scelta, un atto non di autoconservazione ma di violazione. Nel predare, il ghepardo non viola il patto filogenetico e il suo atto è palesemente autoconservativo e necessitato, non prevede alcuna possibilità di scelta e si svolge su una doppia possibilità di flusso: ogni tanto i ghepardi fanno soffrire le gazzelle e molto più spesso le gazzelle fanno soffrire i ghepardi. Questo perché, essendo reciprocamente conformati sotto il profilo filogenetico, tra questi due animali c'è un rapporto di parità di confronto. È proprio quella parità dialogica che crea le basi per lo scambio necessitato, perché oltrepassa la vita individuale dei soggetti e diventa morfopoietica, come il darwinismo ci ha insegnato. La dialettica tra le specie, qualunque essa sia, è produttrice di forme ed è garanzia di apertura verso il mondo, ossia di possibilità neghentropiche. Questo è il motivo che mi fa considerare come profondamente diversa, e non assimilabile in alcun modo alla predazione, la caccia compiuta dall'essere umano.

Mi spiego meglio. L'essere umano non ha una conformazione predatoria né filogeneticamente né anatomicamente - dentatura, struttura gastroenterica, profilo metabolico, carattere endocrino: lo dimostra il fatto che il consumo di carne ha effetti devastanti su tutti gli apparati - né etograficamente, mancando degli orientamenti predatori e dei pattern espressivi tipici del comportamento predatorio. Se analizziamo la struttura motivazionale di *Homo sapiens* rileviamo una forte tendenza sillegica, cartina di tornasole per svelare gli animali raccoglitori. Il sillegico tende infatti a fare incetta di oggetti da portare in tana e in questo possiamo riscontrare molte delle caratteristiche dell'essere umano: dal collezionismo allo shopping, dalla seduttività che evocano gli oggetti che emergono dallo sfondo - e che ci porta a raccogliere funghi e conchiglie - all'interesse verso la variabilità degli enti. Se poi prendiamo in considerazione la nostra elettività verso il rosso, colore prototipico nella nostra specie a differenza dei carnivori, e il nostro orientamento verso il profumo dei fiori (prodromo dei frutti) e dell'alcol (esito della fermentazione dei frutti), è evidente il carattere frugivoro della nostra specie. Non a caso clinici e alimentaristi raccomandano di mangiare molta frutta per stare bene.

Molti studi di psicologia della percezione dimostrano inoltre che l'essere umano riesce a cogliere bene la figura animale (zoomorfema) anche se nascosta, ma quando è immobile, non in movimento. Paul Shepard attribuisce questa facoltà alle caratteristiche venatorie dell'uomo, ma io sono di parere opposto[86]. Sono le prede che hanno subito una pressione selettiva per cogliere l'animale immobile in agguato, mentre i predatori sono abili nel cogliere il movimento. Questo mi fa affermare che l'uomo è una preda e non un predatore e proprio perché è preda è così ossessionato voyeristicamente verso la predazione.

Pertanto, nell'essere umano non si è evoluto alcun patto filogenetico in direzione predatoria, a differenza dello scimpanzé che dimostra caratteri anatomici ed etografici parzialmente rivolti alla predazione. L'uomo utilizza strumenti per uccidere e in realtà raccoglie le prede morte come se fossero bacche, funghi, radici, larve o uova. La caccia è una violazione, perché non esiste un doppio flusso nel rapporto con le sue eventuali prede, come accade nel caso del ghepardo. Mentre la gazzella può far soffrire e morire il ghepardo, il fagiano non ha alcuna possibilità di interagire col cacciatore. Tra i due inoltre non esiste confronto, perché non sono stati conformati reciprocamente, si tratta cioè di un rapporto impari che viola il patto filogenetico. Per questo non possiamo parlare di predazione ma di «utilizzo» del corpo dell'eterospecifico ucciso.

Da questa violazione nasce la violenza che, se ancora non può dirsi vero e proprio «sfruttamento», come nel caso delle prassi postneolitiche, è già un atto che si presta a una concezione specista dell'altro. L'alterità violata infatti perde il suo carattere di soggettività e diventa *res* fruibile, viene cioè negata come controparte dialogica. Poco importa se l'eterospecifico cacciato viene celebrato e venerato: nelle commedie d'innocenza è palese la consapevolezza di aver violato qualcosa. Pertanto, se è vero che la prassi specista subisce un'accelerazione e un'enfatizzazione con l'allevamento, è altrettanto vero che questa era già stata preparata dal grande macello del Paleolitico, dove l'uomo ha utilizzato le altre specie non in un rapporto ecocentrico ma come un mercato di corpi morti da utilizzare.

ANTROPOCENTRISMO E PROMETEISMO

L'antropocentrismo ci appare come una forma di fagocitosi patologica, in una festa della carne che ricorda il film di Spielberg *A.I. - Intelligenza Artificiale*. Ritroviamo tali cerimonie, seppur in forma stereotipica e spogliata delle cornici culturali di contesto, nelle cosiddette «feste sadiche» che ancora punteggiano le diverse culture e che in Europa trovano esempi perspicui nella corrida, nel palio e nella caccia alla volpe. Non vi è dubbio che vi sia una componente speculativa in molte forme di sadismo, un cercare di investigare la sofferenza e la morte dell'altro per addomesticarne l'orrore e il tremore, l'ansia che produce in noi, ma questo è direttamente proporzionale al livello simpatetico provato nei confronti dell'alterità da sacrificare. L'introiezione è una forma di discriminazione anche quando non è conseguita nell'eclatanza del macello. Il modo in cui l'uomo descrive se stesso spogliando gli eterospecifici di predicati e negando il portato referenziale delle alterità animali - ossia il fatto di aver costruito i propri predicati attraverso atti zoomimetici - è, a mio avviso, la peggior forma di sciovinismo umano perché portata a trasformare l'uomo in un'entità creativa in modo solipsistico e autopoietica.

La negazione conduce a una forma di lettura autarchica dell'antropopoiesi che determina una svalutazione dell'eterospecifico, trasformandolo in *res*, ossia in tavolozza di colori utile per dare forma a idee non ispirate dall'alterità ma emergenti dalla creatività umana. L'antropocentrismo introiettivo ha dato luogo a una *forma mentis* così radicata che è difficile anche solo farsi capire quando si afferma che i predicati umani sono il frutto dell'ibridazione con le alterità. Il risultato è una banalizzazione degli eterospecifici e una totale negligenza dell'uomo contemporaneo nei confronti della relazione con il non umano: ci crediamo autosufficienti nella nostra dimensione ontologica e al più leggiamo la biodiversità con il metro ecologico, estetico, economico, preservazionista. Così facendo però non ci accorgiamo che, spogliando gli eterospecifici del loro significato referenziale, scopriremo che l'uomo (il re) è nudo.

L'aspetto più deteriore dello specismo umanista è la negazione di una soggettività non umana con l'appello al meccanicismo comportamentale dell'espressione dell'eterospecifico. Anche laddove sono palesi processi di apprendimento portati a strutturare un'identità individuo specifica, questi vengono definiti «condizionamenti», ovvero ulteriori ipoteche alla soggettività, e non «conoscenze», ovvero dotazioni a disposizione della soggettività. La delezione della soggettività dell'eterospecifico si realizza prima di tutto negandogli un *hic et nunc*, una negazione che vuole decretare la sostanziale «assenza» del non umano. Non riconoscendogli una dimensione soggettiva, una condizione mentale, lo si trasforma in una foglia mossa dal vento, attribuendogli la passività di ciò che non ha obiettivi ma è mosso da stimoli esterni, di chi non riflette sui problemi ma reagisce casualmente, di chi non raggiunge la soluzione ma è confermato dal rinforzo. La triade stimolo-risposta-rinforzo è la chiave con cui si interpreta correntemente l'apprendimento animale, nonostante sia trascorso più di un secolo dalle ricerche di Pavlov e Thorndike e le scienze cognitive abbiamo mostrato come siano più parsimoniosi i modelli sistemici rispetto al *chaining* nell'esplicazione dei comportamenti complessi.

D'altro canto, la teoria degli istinti e quella dei condizionamenti, seppur inconciliabili tra loro, trovano una convergenza parallela nel comune interesse di sottrarre all'animale non umano la dignità di una presenza nel mondo e di una soggettività che programma, pianifica, valuta, riflette, ricorda, decide, simula ecc. Lo specismo umanista trasforma il non umano in un burattino mosso dai fili degli automatismi innati e appresi e a poco valgono gli appelli alla senzienza e alla coscienza, perché la discriminazione umanista gioca continuamente al rialzo; basta solo che una prova non riesca, che immediatamente viene confermata l'ipotesi di sfondo che vede nel non umano un'entità perimetrata alla sola dimensione fisiologico-adattativa, vale a dire a un'entità povera di mondo. Così il povero Hans l'intelligente passerà alla storia come un risibile imbroglio e non come un esempio della fantastica capacità di un cavallo di tradurre l'umano[87].

Per questo motivo non penso sia sufficiente - per quanto di indubbia utilità - mostrare le capacità cognitive dei non umani, né pensare di accontentarsi di allargare il beneficio dei diritti universali agli eterospecifici. Occorre rivedere alla radice il modo in cui l'uomo interpreta se stesso, perché è lì che si cela il cuore pulsante dello specismo.

4.
PROMETEO ED EPIMETEO

Il mito di Prometeo ed Epimeteo, riportato da Esiodo ed Eschilo, e da Platone nel *Protagora*, rappresenta una sorta di nucleo originale da cui si dipana tutto il pensiero umanistico: è per questo che ritengo importante partire proprio da tale mito per comprendere le radici speciste dell'umanismo. All'origine troviamo due centauri, fratelli ma notevolmente differenti per carattere: il primo, Epimeteo, sventato, irriflessivo, suscettibile alle infinite seduzioni del qui e ora; il secondo, Prometeo, più propenso al calcolo e alla razionalità, pronto ad anticipare e a guardare lontano, a progettare più che semplicemente godere del momento. Zeus dà a Epimeteo un ricco corredo di doni da distribuire ai viventi, ma lo sventato li regala a tutti gli animali, lasciandone privo proprio l'uomo. In queste righe possiamo immediatamente avvertire come l'essere umano si percepisca rispetto agli altri animali: nudo e performativamente incapace. In poche parole, si nasconde una sorta di principio primigenio, che fa della competizione e dell'invidia i due sentimenti che caratterizzano il rapporto tra l'essere umano e le altre specie.

A questo punto interviene il saggio Prometeo, che fa della schiatta umana una sorta di sua diretta emanazione: la forza di chi, pur partendo svantaggiato, è in grado di vincere attraverso l'astuzia e la creatività. Con Prometeo l'essere umano diviene il Davide capace di uccidere il gigante Golia.

Non dimentichiamo peraltro che ogni mitopoiesi deve enfatizzare l'avversario: san Giorgio sconfigge un enorme drago non un piccolo serpente, così come il pescatore esagera nelle misure del pesce catturato ed Eschilo nel dipingere la potenza del nemico persiano. Si può accrescere il portato della vittoria magnificando l'avversario oppure sottolineando come il vincitore sia partito svantaggiato: curiosamente, lo stolto Epimeteo riesce a centrare entrambi i bersagli mitopoietici con un sol colpo. Ma cosa fa Prometeo? Dona agli umani due cose:

1. Il fuoco che consente loro di plasmare il mondo.
2. La *techne* che consente di esternalizzare le funzioni.

Dalla sintesi di fuoco e *techne* l'essere umano può costruire gli strumenti, che gli consentono di realizzare le stesse prestazioni epimeteiche e in più dargli qualcosa che lo rende simile agli dèi: la libertà di essere.

Già, perché mentre le virtù epimeteiche vincolano nell'espressione performativa, le virtù prometeiche liberano dall'espressione performativa. Ma non solo. Mentre le virtù epimeteiche sono un lascito divino e quindi non dipendono dall'azione dell'eterospecifico, le virtù prometeiche danno all'essere umano la titolarità nella conquista del dominio performativo. Come dire: mentre l'uccello non può vantarsi delle ali, l'essere umano può vantarsi dell'areoplano. L'uomo prometeico è infatti autopoietico.

Nella visione degli antichi tuttavia, le faccende non sono mai così lineari, anche perché le società patriarcali postneolitiche sono intrise di conservatorismo[88] e di ginofobia. Insomma, il regalo di Prometeo ha i suoi risvolti problematici, come l'astuzia e la curiosità di Odisseo produce da una parte la vittoria degli Achei, ma altresì la rovina dei compagni di viaggio e gli infiniti lutti della nobiltà di Itaca. Il fuoco di Prometeo, con la sua magmatica instabilità, getta l'ombra funesta del peccato di *hybris* sugli uomini. Si tratta di un sentire che, pur nella profonda diversità delle due culture, ritroviamo nel mito di Adamo della cultura ebraica, nel concetto di *libido sciendi*.

Tanto nel mondo ellenico quanto in quello ebraico, le sventure implicite nello scompaginare ciò che è dato, lo *status quo* da venerare, vengono esplicitate dalla donna. In tal senso, Pandora ed Eva si assomigliano incredibilmente nel far sprofondare l'uomo sotto il peso di terribili calamità. La sventatezza di Epimeteo quanto la leggerezza di Pandora assolvono Prometeo prima e l'uomo poi, così come la malignità di Satana e la seduttibilità di Eva mitigano il peccato di Adamo. Cos'hanno in comune Epimeteo, Pandora, Satana e Eva? Poco, in effetti, ma quel poco nel nostro ragionamento è tanto: rappresentano, seppur con predicati differenti, la matrignità della natura, contro cui l'essere umano deve combattere se vuole ricavarsi uno spazio di sopravvivenza. Anche se, a diverso titolo, sono tutti e quattro colpevoli di aver solidarizzato con la natura contro l'essere umano.

L'uomo ebraico si sveglia dal sonno e inizia il suo percorso di salvezza attraverso il libero arbitrio, l'uomo ellenico fa dell'arbitrio il principio educativo logocentrico. Parola e ragione diventano sinonimi, capacità di rappresentare ciò che non necessariamente si presenta come qui-e-ora, in sintonia con il bipedismo che porta lo sguardo lontano, dall'orizzonte al cielo. L'eterospecifico non è più l'altro animale ma semplicemente l'animale, l'epimeteico aperto al qui-e-ora e in questo tanto la concezione di Rilke quanto quella di Heidegger combaciano perfettamente.

IL PROMETEISMO UMANISTICO

Se nella tradizione classica Prometeo è sì tratteggiato come padre dell'umano in quanto umano e tuttavia il suo profilo ha ancora delle ambivalenze, con la rivoluzione umanistica la sua veste ritorna immacolata e il prometeismo diviene il simbolo della riscossa antropocentrica contro i secoli bui del teocentrismo. La mancanza di predicati epimeteici viene assunta come assenza di rango, ovvero di un posto preciso nella natura, in pratica come garanzia di libertà e autodeterminazione. Il manifesto umanistico diviene così un inno a Prometeo, e forse ancor di più alla dimenticanza di Epimeteo, che liberando l'essere umano da una conformazione funzionale, ovvero da un rango prefissato, ha reso possibile i cardini della centralità dell'uomo:

a) Il non essere declinato alla funzione renderebbe il corpo dell'uomo un'entità neutra che può fungere da unità di misura, da cui la concezione antropometrica dell'umano.

b) La *techne* consente di acquisire tutte le declinazioni performative, i predicati epimeteici, presenti negli eterospecifici, trasformando l'essere umano in un'entità sussuntiva, da cui la concezione antropoplastica dell'umano.

c) Il non essere predefinito epimeteicamente rende l'essere umano demiurgo del proprio destino e libero nella scelta, da cui l'idea autopoietica e autodeterminante dell'essere umano.

d) La progenitura prometeica assegna all'umano una dimensionalità differente rispetto agli animali non umani, una condizione non sovrapponibile che si caratterizza proprio nell'opposizione, da cui la visione autarchica e pura della condizione umana, tesa a rigettare qualunque forma di contiguità.

e) Il non avere un rango all'interno della natura proietta il posto dell'uomo in una realtà altra, trascendente la natura, da cui la lettura emancipativa ed elevativa dell'umano.

La concezione umanistica dell'uomo inteso come entità non declinata performativamente - dove cioè il corpo umano non è ritenuto modellato su una funzione, quale viceversa sarebbe la zampa di un predatore o lo zoccolo di un ungulato, ma viene considerato quale entità neutra, disponibile e proteiforme - ha diverse conseguenze rispetto allo specismo. In prima battuta, definisce una separazione netta tra gli enti epimeteici, portatori di predicati specificamente funzionali, vale a dire le specie non umane connotate da radicamenti funzionali iscritti in modo rigido sul corpo, e l'essere umano privo di tali caratteri - di lasciti epimeteici - e quindi appartenente a un'altra fonte generativa, quella prometeica. L'eredità epimeteica nella concezione umanistica è un dono dai tratti ambivalenti giacché nell'iscrivere in modo specialistico la funzione nella forma nega alle altre specie la disponibilità del corpo e, di conseguenza, la libertà espressiva e la titolarità ontologica. Essere privi di contenuti epimeteici renderebbe gli umani, a differenza degli altri animali, padroni del proprio destino e liberi dalla predeterminazione di un rango.

Per l'umanismo esiste un denominatore comune nella macchina antropologica, rinvenibile non già nel carattere razionale o linguistico bensì nel principio di autodeterminazione ontologica. La chiave di lettura che ci propone l'umanismo potrebbe essere riassunta con queste parole: l'uomo nella sua carenzialità di natura non è predeterminato, non è cioè legato a uno spazio performativo prefissato - a dimostrarlo l'indeclinazione del suo corpo, ovvero:

1. L'essere nudo, a differenza degli altri mammiferi o uccelli ricoperti da un mantello.

2. Il possedere la mano, considerata come non specializzata e utile a più funzioni.

3. L'essere caratterizzato da un lungo apprendistato sociale, che viene ritenuto come prova di scarse dotazioni innate - da cui la totale libertà, la pluralità espressiva e soprattutto l'autopoiesi.

La distinzione dà vita così a una dicotomia oppositiva che vede da una parte gli umani e dall'altra tutti gli altri animali, due categorie che si sostengono e si fondano non già su predicati evidenti quanto sulla dialettica aperta dal concetto di rango, inteso come posto prefissato *ab origine* attraverso la declinazione performativa. Si tratta di un passaggio non piccolo per le conseguenze speciste che, come schegge, si dipanano su numerosi piani e creano circolarità ricorsive da cui è difficile emanciparsi. Il primo esito, quello più eclatante, propedeutico rispetto agli altri ma non necessariamente il più invalidante, è quello di separare in modo categoriale l'essere umano, connotato solo in minima parte da denominatori di animalità, dalla pluralità morfologica delle varie specie, di fatto incarcerate all'interno del loro stesso corpo che, nella declinazione, sottrae loro qualsivoglia soggettività espressiva.

Nella visione umanistica tale pluralità è solo apparente perché, in buona sostanza, cela il medesimo operatore che, conformando l'organo alla funzione, nega al possessore eterospecifico qualunque titolarità di utilizzo dell'organo medesimo. Se infatti il corpo del non umano è rigidamente correlato alla funzione, egli non ne è possessore ma schiavo: non si tratta cioè di un organo in dotazione ma di un organo imperativo sull'agire dell'animale. In questa dialettica non ha senso richiamare l'evidenza della pluralità morfologica delle specie per mettere in discussione la categoria di «animalità», giacché se vale il principio umanistico, tanto la medusa quanto lo scimpanzé nell'essere figli di Epimeteo sono di fatto prigionieri del proprio rango, ossia del proprio corpo declinato performativamente *ab origine*, un triste lascito che nella predeterminazione sancisce lo stato di cattività, l'attribuzione alle meccaniche delle leggi della natura.

Se vale il principio pichiano, l'enunciato cartesiano è solo una conseguenza, la traduzione dell'algoritmo, che ci permette di ricavare la formula matematica che sovraintende l'espressione animale: quanto più magnifico il carattere tanto più, paradossalmente, dichiaro la schiavitù e la brutalità del non umano, ovvero la sua lontananza dall'umano.

La soggettività attribuita all'essere umano si basa infatti sulla capacità di negarsi alla nomotetica della natura, di non avere alcuna determinazione epimeteica e, di conseguenza, di poter essere artefice del proprio destino e protagonista del suo *hic et nunc*. Nella visione umanista l'uomo è sostanzialmente diverso dalle altre specie, giacché queste sono irrimediabilmente predeterminate nelle loro espressioni e quindi incapaci di poter interpretare soggettivamente il loro agire nel qui e ora. In tale lettura solo la complessità fenomenica differenzia il comportamento animale dalla caduta di un grave e non il principio deterministico che, come per gli altri fenomeni, ne sovraintende la sequenza espressiva nei minimi dettagli. L'essere umano, al contrario, viene visto come entità libera, responsabile del proprio destino perché indeterminata e quindi capace di eludere un canone se non il proprio emanciparsi e autodeterminarsi. La visione umanistica annichilisce l'importanza di definire dei predicati ricavando l'essere umano e l'animale non umano attraverso un operatore oppositivo, per cui non risulta importante soffermarsi a esaminare i caratteri della natura umana, così come è possibile parlare di animalità pur senza conoscere i connotati delle diverse specie: per l'umanista, il predicato dell'eterospecifico è irrilevante.

Nelle loro opere, i filosofi umanisti fanno continui rimandi alla condizione animale, riferendosi non alle diverse specie nelle loro peculiarità predicative ma a una presunta categoria animale, costruita e definita in modo funzionale a far emergere la sostanziale diversità dell'essere umano. Tra l'altro, è evidente che la nostra specie sia diversa da tutte le altre, ma lo stesso può dirsi per lo scimpanzé, l'elefante e il colibrì, solo per fare qualche esempio. La diversità dell'uomo di cui parla l'umanismo non è specie-specificità ma esattamente il contrario, vale a dire «non-specificità performativa» per l'essere umano in opposizione alla «specificità performativa» dei cosiddetti animali. Questa interpretazione dà vita a un antropocentrismo di marca essenzialista, capace di slegare l'essere umano dal consesso dei viventi e collegandolo a una dimensione altra rispetto alla natura. La parabola umanista porta inevitabilmente a contrarre il significato biologico dell'esistenza umana, trasformando il corpo in un carcere da cui emanciparsi e la realtà fenomenica in pura apparenza. Il viaggio solipsistico che ne risulta porta a ritenere che solo il cogito divenga fondativo dell'essere umano, un pensiero che collidecollima con il processo dubitativo che si smarca dalla realtà.

Gli animali sono macchine non solo per Cartesio, ma per tutta la metafisica umanistica e per le relative traduzioni epistemologiche delle espressioni animali. Che li si dipinga come tropismi indirizzati verso gradienti stimolativi o come algoritmi strutturati dalla filogenesi, che siano mossi da automatismi innati (istinti) o espositivi (condizionamenti), il risultato non cambia. Una volta attivato l'operatore dicotomico disgiuntivo tra umano e non umano, questi sarà in grado di generare dicotomie che separano i due contingenti categoriali. Così:

a) Se all'animale è riservato il campo della natura, all'uomo spetta quello della cultura.

b) Se il primo è il frutto della filogenesi, al secondo è destinata la libertà ontogenetica.

c) Se il primo è chiuso all'interno di una *umwelt*, solo il secondo è in grado di abitare una *welt*.

Il mito prometeico, *Leitmotiv* del manifesto pichiano e formalizzazione nel dualismo cartesiano, diventa eclatante in Johann Gottfried Herder e nel Romanticismo, e viene utilizzato come controriforma al pericolo darwiniano nel paradigma dell'incompletezza umana proposto da Arnold Gehlen[89].

Se Darwin smonta i capisaldi umanistici[90] è ovvio che si debba confinare tale contiguità con il non umano a una porzione esigua dell'umano, quella natura parziale e incompleta che al limite è ritenuta contrastativa rispetto alla libera espressione dell'umano. La resilienza specista insita in questa interpretazione fa sì che serva a poco l'analisi predicativa sui non umani - possono soffrire, hanno emozioni, sono consapevoli - perché il nucleo specista non risiede, se non come temporanea geografia di discussione, nei predicati animali ma nel modo in cui l'essere umano concepisce se stesso. Solo a seguito di una messa in discussione della lettura umanistica dell'ontologia è possibile recuperare un'argomentazione sull'animale - umano e non umano - che non cada nella tautologia.

SUL CONCETTO UMANISTICO DI NATURA

Il concetto di natura che affiora dalla lettura umanistica sta alla base di molti fraintendimenti circa l'interpretazione delle altre specie, ma altresì dell'essere umano. L'intento disgiuntivo e oppositivo dell'operatore umanistico non solo viene applicato per separare la nostra specie dalle altre, ma soprattutto per ricavare due domini, quello spirituale della *res cogitans* e quello materiale della *res extensa*. Quest'ultima poi viene svuotata di presenza (essere nel momento) e di presente (dare significato al proprio esserci), ovvero di apertura al protagonismo nella contingenza e per l'occorrenza, vale a dire di predicati non-deterministici e non predefiniti. Il dominio della *res cogitans* viene tratteggiato come un'orizzontalità di rapporti causali, svincolati dalla dimensione storica, tale da poter trasformare la natura in una formula matematica che l'essere umano può ricavare attraverso la sintesi galileiana-cartesiana.

La separazione scolastica tra *natura naturans* e *natura naturata* perde così di consistenza: tutto può essere ricondotto a un'equazione che è di per sé ente ed evento, legge e sostanza. La natura assume un connotato deterministico, diventa cioè una sorta di orologio che non conosce il tempo ma lo scandisce attraverso la rigida meccanica della sua struttura. L'animale, emblema di questa matematizzazione del mondo, allo stesso modo esprime la propria funzione ma non la interpreta, fa cigolare le proprie ruote e pulegge se dissezionato ma non soffre, perché per soffrire occorre porsi al di fuori della funzione stessa.

La funzione animale si esplicita in modo meccanico nel direzionarsi verso le fonti utili e nell'allontanarsi da quelle dannose, ma la sua apparente scelta è di fatto una non-scelta, come la fotocellula di un ascensore che non fa chiudere le porte al passaggio di una persona non perché ne abbia compassione, ma semplicemente perché l'interruzione del flusso ottico non le permette quella funzione. Lo sviluppo di macchine complesse, soprattutto a partire dalla rivoluzione scientifica del Diciassettesimo secolo, offre numerosi modelli per interpretare l'espressione di questa natura svuotata di senso. La comoda sponda della *res cogitans*, che salvaguardia l'essere umano dalla reificazione e dalla perdita dei connotati di soggettività, consente un'operazione riduzionistica mai intentata prima di allora nei confronti di tutto ciò che non è umano.

Possiamo pertanto affermare che è proprio all'ombra del principio umanistico di divergenza che è possibile la reificazione di tutto ciò che non rientra nel dominio dell'umano. La natura diventa così una sorta di palcoscenico statico pur nel suo movimento, agibile per il protagonismo umano, che peraltro viene esaltato proprio nel metterne in discussione la consistenza. La realtà sublima in afferenza sensoriale, la sua presenza scompare nell'equipollenza stimolativa, da Cartesio a *Matrix*, e il potere cogitante si misura nella capacità di emanciparsene, di dichiararne l'apparenza, di sospendere ogni giudizio. Si tratta di un divorzio che percorre, con tratti più o meno accesi, tutta la parabola umanistica, dove non è possibile disquisire di predicati animali se il dubbio campeggia, se l'onere della prova ricade sempre su colui che vuole assegnare e non su chi dubita. La soggettività viene slittata sui piani alti della coscienza e sulle capacità dichiarativa e argomentativa, per poi desumere che solo l'essere umano ha una soggettività perché è l'unico a disporre di un apparato linguistico nel senso umano del termine: le tautologie non sono sempre facili da stanare.

Qualsiasi funzione, anche la più creativa, presentata dal non umano può essere ridotta a casualità o ricondotta ai meccanismi predeterminati. Il paradigma umanistico non può ammettere una soggettività non umana, e non per sciovinismo o per vezzo, non per mancanza di evidenze o per deficit di modelli esplicativi: non lo può fare perché questo comprometterebbe le fondamenta stesse del proprio pensiero. Ogni avanzamento nell'interpretazione della soggettività animale è sempre effimero e sottoposto a un successivo ripensamento utile a ricollocare il fenomeno dentro i margini assegnategli in modo pregiudizievole dal concetto di *res extensa*. La capacità di scelta degli animali viene trasformata in cieco istinto, l'orientamento in tropismo, l'intelligenza in pulsioni predeterminate, l'apprendimento in condizionamento, la coscienza in contingenza casuale forviata nella lettura da antropomorfismo. La natura umanistica non ammette un protagonismo espressivo all'animale non umano, ma solo lo scatto di automatismi.

L'eterospecifico completamente immerso nella matematizzazione della *res extensa* non ha alcuna titolarità, non è padrone in casa propria, giacché:

a) La sua manifestazione comportamentale nel qui e ora non dipende da una scelta ma dagli automatismi, vale a dire da quali suscettibilità possiede e da quali stimoli ambientali sono presenti.

b) La sua ontogenesi non è una vera e propria biografia, poiché o è esposto alla meccanica associativa dei condizionamenti oppure è il frutto di un assemblaggio su schema prefissato di tasselli prefissati.

c) Le sue risorse non sono il frutto di un protagonismo, giacché la filogenesi viene ritenuta un differenziale replicativo tra i caratteri (sorti per mutazione casuale e selezionati dal contesto-ambiente), un processo dove l'individuo non ha alcuna possibilità d'intersezione.

In questa lettura, l'animale non umano è sempre un'entità passiva, in quanto:

1. Esprime comportamenti innati attraverso pulsioni che chiedono di essere scaricate.

2. Laddove manifesti espressioni individuali, è perché condizionato e portato a rispondere meccanicamente a degli stimoli.

3. La sua predeterminazione non lo riguarda giacché non interviene nel processo filogenetico, perché questi è regolato da mutazioni casuali e da selezione ambientale.

L'incompletezza umana e la declinazione dell'eterospecifico in modo performativo rappresentano gli operatori che consentono l'umanismo come assolutizzazione dell'umano in quanto non-animale.

È evidente che l'essere umano è portato a rifiutare una propria natura o comunque a risicarla il più possibile, giacché la considera un impedimento alla propria libertà di espressione. Nel pensiero umanistico il richiamo al concetto di natura umana è sempre stato visto come un inaccettabile riduzionismo e il motivo è molto semplice: perché si considera il dominio naturale quale assoggettamento al meccanicismo e quindi la natura umana come un pacchetto di rigidi determinismi che inevitabilmente andrebbero a sottrarre una titolarità ontologica all'essere umano. Chi si batte contro lo specismo e parallelamente nega una natura umana complessa e articolata non si rende conto di aderire a quel medesimo operatore disgiuntivo che sta alla base dello specismo.

Per il pensiero umanistico la natura è sempre uno sguardo miope, è una chiusura dell'orizzonte, un'incapacità ad andare oltre l'immediatezza, un vincolo a quel guardare lontano che è d'un tempo un intravvedere e un prevedere, quel retrogusto per l'appunto prometeico che dà alla torta umana un sapore oltremondano. Per questo, prima di parlare di natura umana e di incompletezza - snodo del pensiero umanistico - è indispensabile mettere in discussione proprio tale concezione generica di natura.

Prima tuttavia, vorrei fare ancora qualche considerazione preliminare. Innanzitutto desidero sottolineare il portato specista che si nasconde nel negare una natura umana, un atteggiamento implicito negli approcci storicisti, anche in quelli che si propongono in termini liberazionisti nei confronti dei non umani. Negando una natura, ovvero una costituzione forte di caratteri filogenetici nell'essere umano, ci troviamo a operare una distinzione netta e forte tra l'uomo, privo di una natura, e gli eterospecifici, partendo quindi da un assunto specista e favorendo ulteriori pronunciamenti specisti. D'altro canto, è specista anche chi legge il retaggio filogenetico come determinismo[91] appoggiando di fatto la lettura cartesiana meccanicistica. Se durante un dibattito o in un saggio, l'antispecista di turno nega che l'essere umano sia dotato di una natura propria, ovvero di un'inerenza filogenetica, all'ombra dei suoi convincimenti storicisti, in pratica sta professando una distinzione essenziale tra l'essere umano e le altre specie che, di fatto, è una professione di fede specista. Allo stesso modo, se teme che l'ammettere una natura umana voglia dire giustificare l'azione violenta dell'uomo - la guerra, lo stupro, lo sfruttamento - implicitamente accetta la concezione cartesiana di natura come *res extensa* e, volendo mettere al riparo l'essere umano, assume una posizione specista. Infine, si cade nello specismo nel tratteggiare la natura come un'entità personificata, con accenti predarwiniani che ancora sottendono una sorta di fissismo - l'armonia della natura - e parallelamente di creazionismo, con implicite visioni finalistiche, preservazionistiche e addirittura di teologia naturale.

La natura come palcoscenico immutabile, come regno del sempiterno e della circolarità del tempo, si oppone, nel pensiero umanistico, all'essere umano, entità magmatica e in divenire, prometeico perché proiettato verso un compimento. La natura può pertanto essere il brulicante mondo pichiano dei bruti da cui ci si deve distaccare o l'origine dell'ordalia onirica negli incubi che ossessionavano Cartesio, ma in quanto palcoscenico può anche divenire realtà oleografica, compiuta nella propria armonia come in una sinfonia di Bach o in *Barry Lyndon* di Stanley Kubrick. La rivoluzione industriale pone in antitesi il mondo degli uomini e il mondo della natura, tratteggiando quest'ultima come il luogo dell'autenticità. Tuttavia, non ci si deve lasciare forviare dalle celebrazioni preromantiche: la natura, per quanto innalzata come modello del bello e del vero, rimane pur sempre un palcoscenico. E quanto specismo si nasconde nei chiaroscuri di *Walden*[92], nell'idea di Henry Thoreau di autopoiesi! Nor nella natura per cercare se stessi ma, al contrario, si ammett natura in se stessi.

La natura che sorge dal pensiero darwiniano si è ampiamente liberata di queste pastoie umanistiche, cosicché non ha più senso porre in antitesi un naturale e un artificiale, come categorie assolute, giacché ogni ente è di fatto un artificio del processo filogenetico. Così come è assurdo assegnare alla natura personificata un'armonia prestabilita e un finalismo o addirittura la capacità di disvelare il progettista dal progetto: è il concetto di progetto a svanire.

D'altro canto, riferirsi alla natura in senso generico non coglie le divergenze predicative delle diverse specie, per cui per parlare di «natura» occorre sempre utilizzare il plurale. Non è possibile rinvenire un predicato in essa, una qualità che sia riferibile alla natura, un carattere che sia il più adattativo, giacché anche all'interno della specie vale il polimorfismo. Se vogliamo, è proprio il polimorfismo dei caratteri il predicato più adattativo nella specie e tra le specie, vale a dire la biodiversità: farfalle grigie e bianche si ripartiranno nella popolazione di *Biston betularia* perché entrambi i caratteri sono adattativi, anche se la prevalenza di ciascuno dipende dalle fluttuazioni ambientali.

Non possiamo pertanto affermare che un carattere sia contro-natura oppure conforme alla natura, perché non esiste una sola natura ma tante nature quanti sono gli individui naturati.

Per contro, se prendiamo in considerazione il pensiero della complessità, quale emerge a partire dagli anni Sessanta del secolo scorso[93], è evidente che torni in primo piano il significato del tempo, nei due termini di contingenza e occorrenza. Il presente dell'individuo si manifesta come un range di virtualità la cui attualizzazione non è mantenuta all'interno di binari predefiniti. In questo spazio d'indeterminazione dei destini possibili - quando cioè il sistema complesso prevede più traiettorie e organizzazioni sequenziali - si rende disponibile il protagonismo animale, vale a dire quella soggettività che si manifesta in ogni piano dell'espressività animale e non solo su quelli alti della coscienza. Lo spazio d'indeterminazione carica il presente di significato, lo condensa in un dominio di scelte possibili a cui l'individuo è chiamato cosicché la soggettività animale non è opzionabile ma diventa una prerogativa dell'essere animali.

TELLURICO = relativo alla Terra

MITOPOIESI DELL'UMANO INDECLINATO

Uno degli aspetti fondamentali implicati dalla lettura prometeica dell'umano, radicata nella cultura occidentale ma soprattutto esplicitata dal manifesto pichiano, è l'idea di una lontananza e separazione dell'uomo dal tellurico. La declinazione epimeteica lega lo zoccolo a una sola funzione, laddove quest'ultima è intimamente e inevitabilmente correlata al sostrato su cui insiste. Seppur attraverso un modo funzionale, l'ala è conforme alle meccaniche dell'aria, il corpo di un delfino alle leggi di viscosità dei fluidi, la finestra acustica dei gatti agli ultrasuoni emessi dai roditori, l'allungamento della parte distale degli arti nei Perissodattili alla dinamica del pendolo, la colorazione verde di un Tettigoniide alla clorofilla delle piante su cui vive. In altre parole, la declinazione epimeteica - denunciata nel pensiero umanistico - trasforma la dimensione esistenziale dell'animale in un correlato a un particolare angolo di mondo, da cui tre conseguenze:

1. La parzialità dell'essere animale, la cui correlazione lo chiude in una scatola di realtà e quindi gli nega l'apertura al mondo.
2. La mancanza di una dimensione esistenziale propria ovvero ricavabile in-sé e per-sé, in quanto conformata al sostrato.
3. La non titolarità sulle proprie caratteristiche che non rappresentano delle dotazioni a disposizione funzionale del soggetto, ma diventano dei vincoli e degli imperativi che gli impediscono una libertà di scelta o lo muovono in modo automatico.

Questi nessi trasformano il corpo, e quindi la *umwelt* dell'animale non umano, in un'entità fortemente relata e quindi costruita-ancorata al tellurico e pertanto priva di una sua intrinseca ontologia. Mentre l'essere umano segue un proprio percorso, ha una propria forma, è proiettato verso un proprio *telos*, l'eterospecifico è il calco negativo, ovvero l'orma del suo angolo di mondo, per cui nella logica umanistica è conseguente la concezione heideggeriana dell'animale «povero di mondo». Abitare la *welt* significa infatti essere slegati da qualunque conformazione a un mondo specifico e possedere quindi un'inerenza, una forma che è autopoietica perché non conforme a una funzione-sostrato ossia a qualcosa che sia altro dall'umano. In tal senso, essere prometeici significa possedere una forma propria, essere umani per sé e non per svolgere una funzione che inevitabilmente richiederebbe agibilità su un sostrato sporcandosi, così facendo, con esso.

Il lascito prometeico consente all'uomo, unico tra i viventi, di essere il frutto di una morfopoiesi che non lega il suo *telos* a un'entità esterna, quale può essere la resistenza opposta dal sostrato alla funzione.

Lo specismo umanistico si misura quindi in termini di lontananza dal mondo, di purezza del cristallo umano rispetto alle mille contaminazioni che caratterizzano l'eterospecifico. La declinazione epimeteica è perciò ibridativa, nel senso che dall'ala si possono evincere non solo le leggi che governano il volo ma altresì quelle che caratterizzano il sostrato su cui il volo-funzione avviene.

Dichiarare l'umano quale entità indeclinata significa affermarne:

1. L'autoreferenzialità, ovvero l'essere conformato su se stesso e non fare riferimento morfopoietico a nessun altro ente esterno.

2. La purezza, ossia il non essere contaminato dal mondo e quindi il poter essere ricavabile come un cristallo attraverso processi epurativi.

3. La virtualità esistenziale, vale a dire la non attribuibilità a un contesto particolare e quindi l'essere «costruttore di mondi», quella totale apertura che è parimenti libertà e titolarità ontologica.

4. L'autopoiesi, ovvero l'essere demiurgo di se stesso e quindi autarchico e solipsistico nel processo di definizione, eroico nel percorso di affermazione sul mondo, in grado di rinegoziare continuamente il suo *limes* esistenziale, indifferente rispetto a tutto ciò che lo circonda sotto il profilo ontogenetico.

Si tratta di quattro meta-predicati che annullano qualunque possibilità di discettare sul rapporto con le altre specie perché in grado di spostare il discorso non sui caratteri effettivi dei diversi enti, bensì su due categorie arbitrarie, costruite pregiudizialmente per fondare la dicotomia specista. La diversità tra umano e non umano non è più nel predicato.

Parliamo pertanto di meta-predicati perché sovraintendono la costruzione dei predicati che vengono poi surrettiziamente chiamati ad argomentare la tesi specista. Sono meta-predicati perché generati non da una valutazione connotativa degli enti in sé ma da un assioma generativo, ovvero l'indeclinazione dell'umano. Il carattere specista di tale affermazione di lontananza dell'umano dal tellurico, come ho detto, non insiste sui predicati specifici dell'animale non umano, ma su aspetti che stanno a monte di questi - come già aveva intuito Martin Heidegger quando contestava la pretesa specificativa dell'uomo quale «animale razionale» o «animale dotato di linguaggio». Seguendo il manifesto pichiano, l'uomo non è un animale anzi, quest'ultimo è il contro-termine dell'umano. La non-declinazione è la condizione che consente all'uomo di autocentrarsi e parimenti di disancorarsi dalle correlazioni funzione-sostrato, differenziandosi dalle altre specie non per un predicato particolare ma in virtù di meta-predicati antropocentrici.

Se infatti osserviamo i quattro meta-predicati di cui sopra - sussumibili nel concetto di «umano quale ente non correlato funzionalmente» - ci rendiamo conto del disegno antropocentrico che sta alla base del pensiero umanistico. La non declinazione assegna all'essere umano una dimensione ontologica che non è data e non è sporcata da entità esterne: in altre parole, non ha sapore di terra e non presenta alcuna opacità, ma può librarsi in una dimensione eterea, che di fatto rappresenta il suo vero dominio esistenziale.

Lo specismo umanista si basa perciò sui quattro meta-predicati sopracitati che definiscono tanto l'umano quanto specularmente il contro termine non umano.

Ma affinché il credo umanistico, con tutte le sue conseguenze dialettiche, sia vero, è necessario:

a) Che l'uomo, a differenza degli animali, sia privo di una declinazione, ovvero che l'essere umano sia povero di natura.

b) Che la declinazione chiuda il soggetto all'interno di un mondo, ovvero che l'animale sia povero di mondo.

Questi sono i due capisaldi su cui si regge lo specismo umanista e solo il metterli in discussione può aprire un dialogo sulla diversità predicativa nelle varie specie, altrimenti si rimane impastoiati nel confronto categoriale umano e non umano.

Detto questo, è evidente che il principio prometeico genera processi di mitopoiesi specista che non sempre vengono intercettati nella discussione antispecista e che tuttavia rimandano continuamente a un'impostazione fortemente pregiudizievole nei confronti dei non umani. Spesso s'interpretano come speciste solo le pronunciazioni che fanno esplicito riferimento emarginativo nei confronti dei non umani, quando in realtà lo specismo è prima di tutto un modo di considerare la condizione in cui l'essere umano si rappresenta da un punto di vista ontologico. Il più delle volte ci troviamo di fronte a specismi impliciti, non smaccatamente dichiarati, ma ciò nonostante assai più rilevanti nel creare uno iato tra l'uomo da una parte e tutte le altre specie dall'altra.

Rimanere ancorati ai metapredicati ontologici - per esempio, considerare l'essere umano come un'entità virtuale aperta a qualunque possibilità predicativa - se di primo acchito non sembra riguardare il rapporto con l'eterospecifico, al contrario disarma ogni argomentazione antispecista perché rende tutto il ragionamento fondato su piedi di argilla o, per essere più chiari, su presupposti specisti. Se non vengono messi in discussione i meta-predicati di cui sopra, prima o poi ogni buona intenzione antispecista arriva a un punto di incongruenza o di contraddittorietà.

La lontananza dal mondo, per esempio, fa propendere verso una proiezione utopistica nella progettualità umana, dove l'utopia per definizione è negazione della realtà e si basa su quel principio di totale apertura dell'umano a qualsivoglia abitazione ontologica. L'utopia, comunque la si vesta, è un *topos* specista perché, in coerenza con la virtualità dell'umano e la negligenza verso il tellurico, mette in primo piano l'isola-che-non-c'è rispetto al reale. Nell'utopia, l'eterospecifico deve subire un processo di antropoformazione, vale a dire seguire i dettati imposti dall'umano secondo i valori che quest'ultimo indica. Così, in tutta coerenza, c'è chi preconizza la trasformazione genetica degli animali carnivori in vegetariani come forma di liberazione dalla violenza. D'altro canto l'incongruenza dell'utopia - ancorché venga definita con l'appellativo di «animalista» - sta nel principio umanista di cui si fa portatrice. Essa presuppone infatti una presunzione d'indeclinato nell'umano: chi professa un'utopia inevitabilmente nega una natura umana e quindi pone l'essere umano in un dominio differente rispetto agli eterospecifici, convalidando di fatto la dicotomia umanistica tra l'uomo e le altre specie, propedeutica di ogni ideologia specista. Spesso nella letteratura antispecista si fa esplicito riferimento al concetto di utopia, inserendo la lotta per l'emancipazione animale e per i diritti degli stessi all'interno di quadri teoretici che per l'appunto si fondano su un altrove e su una teoria-processualità del compimento.

Se esaminiamo attentamente il *topos* dell'utopia, ci rendiamo conto che è intimamente legato a una svalutazione del reale e a una negligenza-mortificazione ideologica di tutto ciò che fa parte della natura. L'utopia non è altro che un trasferire sulla Terra nonché secolarizzare le coordinate della trascendenza e poco importa se il modello è ammesso-in-sé quale punto irraggiungibile, teso solo a definire un orientamento, ovvero in quale direzione proiettare le proprie azioni programmatiche e prescrittive. Esiste una notevole differenza tra il concetto di «utopia» quale sintesi di «eu» e «ou», presente in Tommaso Moro[94], che meriterebbe una rivisitazione in senso più problematico e più aderente al gioco evolutivo del reale, e l'utopia come ideale irraggiungibile verso cui dirigersi.

Come già sottolineato, da Dario Antiseri[95], la concezione di utopia si basa su presupposti gnoseologici insostenibili - l'idea di conoscere il tutto - ma altresì, a mio avviso, sul concetto umanistico di sussunzione che è in sé negazione di un significato a tutto ciò che non è umano. L'utopia è il frutto solipsistico del cogito che annichilisce il reale, perché lo svuota di significato, creando le basi per la massima forma di specismo antropocentrico: l'idealismo.

La concezione universalista che esita dalla visione umanista è fortemente connotata di specismi perché inevitabilmente viziata dall'antropometrica vitruviana, sia che si riferisca al concetto benthamiano della sofferenza sia a quello reganiano del diritto. Secondo Luisella Battaglia, nell'ambito della discussione di bioetica animale, è importante non semplicemente dare diritti ai diversi, ma riconoscere «diritti diversi»[96]. Così facendo, però, si andrebbe a mettere in discussione il concetto universalistico dei diritti, «ideale» già di per sé antropocentrico poiché informato dalla matrice umana che ritiene di poter sussumere una cornice di riferimento (cosa è un diritto) applicabile anche per la sfera non umana. Già in questo s'intuisce uno dei principali quesiti che la messa in discussione dello specismo pone.

L'accusa di criptospecismo, mossa nei confronti delle teorie di Peter Singer e Tom Regan[97], nasce proprio dall'incongruenza di una traslazione *tout court* dei principi umanistici nel campo della definizione di paziente morale, e in questo caso di «esigente morale», all'eterospecifico. Tali principi, in ossequio alla coordinata teoretica antropometrica, necessariamente perseguono una logica inclusiva all'universale umano più che una visione pluriversale, quale necessariamente si richiederebbe per la formulazione di «diritti diversi». L'allargamento agli animali non umani di una partecipazione all'universale umano è quanto di più specista si possa immaginare, anche se la sua espressione discriminativa è criptata da un intento palesemente e coraggiosamente - occorre riconoscere il portato rivoluzionario di queste tesi con onestà - emancipativo. Ma cosa significa riconoscere diritti diversi? Be', molto di più di quello che saremmo portati a pensare ragionando solo in termini di interessi specie-specifici, rimettendo al centro la soggettività.

Per questo ritengo che ragionare all'interno del paradigma umanistico, costruito come vedremo proprio sullo specismo, e proporre in termini umanistici una critica allo specismo ci condanni all'incongruenza, all'ambiguità e soprattutto alla contraddizione. Ogni teoria umanistica antispecista è inevitabilmente costellata di criptospecismi. Facciamo qualche esempio. Analizzando alcuni saggi che nell'ultimo decennio sono usciti come critica antispecista, rileviamo il tentativo di costruire una genealogia dello specismo quasi si trattasse di una catena di tessere del domino che, in sequenza, trascina i suoi effetti. Cercare una linearità esplicativa in un processo storico - quale evento ha aperto la strada dello specismo - significa pretendere di sussumere, in un'argomentazione sequenziale ordinata, una serie di eventi che s'intrecciano, dalle conseguenze il più delle volte ambivalenti rispetto allo specismo.

Nella spiegazione dello specismo, ci si affida a una genealogia lineare e monocausale - per esempio, nella domanda se venga prima la prassi o l'ideologia - dimenticando che questo modo di affrontare le questioni è un'eredità umanista. La spiegazione lineare - cosa viene prima e cosa dopo - negando la ricorsività degli eventi e cercando di disambiguare e di ordinare processi sistemici, pone la pretesa di un'esplicatività pienamente argomentata e predittiva da parte dell'essere umano. Vorrei sottolineare che l'ambizione sussuntiva è un'espressione specista non nella sua manifestazione eclatante, ma nel principio laplaciano che implicitamente ammette, giacché insiste su una concezione della natura quale *res extensa*, totalmente iscrivibile all'interno di un algoritmo controllato dall'uomo.

Anche in questo caso, possiamo ricondurre tale vizio all'idea umanistica di «uomo contenitore di mondo», non tanto nel suo comprensibile tentativo esplicativo, quanto nel riduzionismo epistemologico. Il mondo non si presta alla compressione lineare e sequenziale né tanto meno a processi di disambiguazione forzata. Per chiarirlo posso portare un esempio su cui ho concentrato la mia ricerca negli ultimi vent'anni[98]. La sinantropia che ha preceduto l'ingresso del lupo nella comunità umana ha sicuramente dato una spallata all'antropocentrismo prospettico dell'essere umano: l'uomo ha cominciato a ibridarsi con il lupo guardando il mondo anche da un'altra prospettica oltre che da quella umana, assegnando inevitabilmente a quest'ultima un più limitato dominio di validità. L'ingresso del lupo che ha condotto all'emergenza del cane - e a mio avviso a quella dell'uomo, perlomeno così come oggi lo intendiamo - azzerando la solipsia e mettendo le basi per la relazione transpecifica, da una parte ha favorito un processo antropodecentrativo (potremmo dire antispecista); dall'altra tuttavia, ha creato un modello, la domesticazione, che ha avuto conseguenze gravose sullo sfruttamento degli animali.

Pertanto, una prassi può avere contenuti e determinare conseguenze parimenti speciste, perché in questo caso ha inaugurato prassi di sfruttamento, e antispeciste, proprio nell'aprire quel germe di problematicità sulla «universalizzazione della prospettica di *Homo sapiens*» che sta alla base di ogni messa in discussione dello specismo. Come ho detto, pretendere di racchiudere una prassi all'interno di una sequenza esplicativa lineare è un vizio iscrivibile in un'epistemologia fondata essa stessa su una concezione specista.

Ciò non significa che le discussioni sorte in questi ultimi dieci anni riguardanti la storicità della prassi specista e la sociologia della stessa, evitando l'esclusiva focalizzazione sull'ideologia specista - quale risultava dal dibattito dell'ultimo ventennio del Novecento, soprattutto a opera di Peter Singer e Tom Regan - siano da considerare inutili, anzi, hanno consentito di esaminare l'evoluzione dello specismo da una focale meno antropocentrica.

Ci si potrebbe meravigliare nell'attribuzione di un retrogusto antropocentrico in saggi che hanno inaugurato un dibattito sullo specismo, dandogli per la prima volta sistematicità; il fatto è che tanto la diagnosi quanto la terapia sostenute dai due autori sopracitati avvenivano all'interno di paradigmi descrittivi e prescrittivi fortemente antropocentrici, quali per l'appunto l'utilitarismo o il giusnaturalismo. Va da sé che tanto le teorie del primo animalismo quanto le discussioni sul significato storico e sociale dello sfruttamento post Neolitico e dei legami tra sfruttamento animale e capitalismo dell'ultimo decennio abbiano avuto un ruolo primario per aprire e per fornire argomenti di discussione sulla critica allo specismo. Non vi è dubbio, per esempio, che il *Progetto Grande Scimmia* di Peter Singer e Paola Cavalieri[99] abbia una connotazione fortemente specista, nel considerare le scimmie antropomorfe - proprio gli animali più simili a noi - degne di un progetto liberazionista. Come peraltro le discriminazioni di Tom Regan - sul carattere di «soggetto-di-una-vita», seppur in modo meno eclatante, non mettono in discussione l'antropometria vitruviana. Detto questo, non si può non riconoscere tanto nel *Progetto Grande Scimmia* quanto nella proposta reganiana il portato rivoluzionario e la direzionalità (non la coerenza) antispecista.

L'incoerenza nelle diverse proposte di critica allo specismo è un dato con cui ci si deve saper confrontare, sapendo di essere immersi all'interno di una cornice filosofica e sociale che inevitabilmente ha retrogusti specisti. La discussione sugli argomenti diretti e indiretti nella pubblicistica liberazionista è un ulteriore esempio. Sono d'accordo che si debba mettere al primo posto il principio in sé - rifiutare lo sfruttamento dell'eterospecifico perché sbagliato in quanto tale - e tuttavia laddove un evento, comunque raggiunto, costituisca una cesura in senso critico-specista, quale potrebbe essere stato il progetto *Grande scimmia*, ritengo che debba essere salutato con soddisfazione. Ma non nell'idea di una politica riformista, fatta di piccoli passi, bensì nel creare sacche di incoerenza all'interno del paradigma vigente. La discussione può pertanto essere ricondotta a ciò che giustamente Marco Maurizi, nel recente saggio *Le parole e le cozze* definisce come differenziare il ragionare secondo l'etica dell'intenzione (agire in modo coerente con i principi) oppure secondo l'etica della responsabilità (agire in modo tale che le mie azioni trasformino la realtà)[100].

Quello che intendo sottolineare, tuttavia, è che si celino criptospecismi non solo in questo. Un'altra forma di specismo nascosto si basa su una concezione essenzialista della natura umana, che ci porta a ricercare una purezza e un'autenticità, ovvero di individuare sovrastrutture da cui ci dovremmo liberare per ritrovare il nocciolo puro dell'umano. L'attribuzione storica delle prassi di sfruttamento può essere utile a patto che non si neghi:

a) L'influenza o addirittura la presenza di coordinate filogenetiche, attribuendo tutto alla storia ovvero esternalizzando le responsabilità.

b) La possibilità che una molteplicità di fattori abbia sostenuto lo specismo.

Questo non significa dichiarare l'uomo «cattivo per natura», sarebbe una banalità, ma sottolineare quelle disposizioni che, presenti nella nostra specie, possono derivare in atteggiamenti problematici nella relazione con le alterità. Considerare l'essere umano come frutto esclusivamente delle contingenze sociali e storiche è di fatto avvalorare l'idea umanistica del manifesto pichiano.

Allorché si nega una natura umana o la si riduce a tal punto da renderla di fatto insussistente, si opta per uno specismo conclamato e non starei a parlare di criptospecismo, perché si crea una doppia dimensionalità: la prima, abitata dall'umano, non contenuta all'interno di un mondo-ambiente ma libera di fluttuare e quindi di creare mondi; e una seconda che, al contrario, si trova strettamente radicata all'interno di una *umwelt*, imperativa e nomotetica come qualunque altro fenomeno inanimato. Negare la natura umana è la mossa postdarwiniana per azzerare qualunque contiguità tra l'uomo e le altre specie, costruendo la differenza non aggiungendo cartesianamente qualcosa (la *res cogitans*) ma togliendo qualcos'altro (la dimensione filogenetica). Esiste tuttavia un criptospecismo allorché si ritiene la diversità della nostra specie non quale carattere condiviso (tutte le specie sono diverse dalle altre) ma quale predicato assoluto che ci caratterizza (l'uomo e solo l'uomo è diverso dagli altri animali). In questo caso, si fa riferimento a connotati palesemente contraddittori attribuendoci qualità surrettiziamente ritenute uniche e pregnanti.

Ne è un esempio la posizione eretta, che ci avvicinerebbe al cielo. A parte il fatto che esistono altri animali dotati di bipedismo - alcuni considerati erroneamente molto stupidi, come il pollo, altri presenti sulla faccia della Terra quando di primati non c'era neanche l'ombra, come il famoso T-Rex - ma se tutta la nostra grandezza si dovesse misurare in termini di lontananza dalla terra e vicinanza al cielo, allora gli uccelli, i pipistrelli, gli insetti e tutte le altre creature che abitano i cieli ci dovrebbero sovrastare, nonché i cugini primati che, vivendo sugli alberi, hanno un maggiore accesso-vicinanza alle dimensioni all'atmosfera. Altre volte, i predicati di unicità fanno riferimento all'intelletto o al linguaggio, ma seppur si tratti di una maggiore raffinatezza argomentativa, è chiaro il sapore sciovinista.

Non si vede il perché l'intelligenza umana, funzionalmente adattata a compiere certe elaborazioni e non altre, debba considerarsi superiore a quella di un'altra specie che ha sviluppato performatività differenti. Ma il carattere specista non sta tanto nella definizione di predicati quanto nell'atteggiamento isolazionista implicito che sottende, dove la superiorità dell'uomo non è minimamente messa in discussione, ovvero l'idea che alla fin fine siano noi a dare significato a un mondo e quindi un valore. Per mettere in discussione lo specismo è indispensabile prima di tutto abbandonare quella pretesa di specialità che sta alla base dell'umanismo.

Nella prassi antispecista, la separazione tra umano e non umano è di fatto uno specismo, perché si basa su una dicotomia a-priori tra i due termini, vale a dire poggia in maniera radicale sullo specismo umanista. Non si può parlare di liberazione animale senza intendere una liberazione complessiva di tutto ciò che è animale, altrimenti si ritorna a un uso umanistico del termine animale come contro termine dell'umano, fondamento dello specismo umanistico. Con questo non voglio negare l'importanza strategica dell'antispecismo debole di Leonardo Caffo[101], anche perché penso abbia più di una ragione nel sottolineare la necessità di focalizzare la proposta sulla liberazione degli eterospecifici, proprio per le caratteristiche degli eterospecifici stessi. Detto questo, è evidente che una critica allo specismo non può contenere una distinzione tra umano e non umano senza condannarsi alla contraddizione.

Persino la concezione separativa dell'uomo dalle altre specie - l'idea di liberare gli animali dalla relazione con l'uomo - è di fatto una struttura specista, perché si basa sul carattere autoreferenziale e autopoietica dell'umano che, come si è detto, sta alla base dell'umanismo. Ogni concezione epurativa e quindi ogni conseguenza che porta al settarismo è pure uno specismo, perché fondata su una concezione solipsistica e individualistica del soggetto agente in senso pragmatico o etico. L'idea che la scelta etica sia una scelta individuale, una costruzione solipsistica dell'individuo, è ancor più una conseguenza del pensiero umanistico, perché fondata sulla chiusura della soggettività nel cogito cartesiano.

L'INTERPRETAZIONE DELLA *TECHNE*

Il mito prometeico vede, nella produzione tecnologica da parte dell'essere umano, il modo di supplire alle scarse dotazioni epimeteiche ovvero adattative sotto il profilo performativo, quali viceversa caratterizzerebbero le altre specie rendendole perfettamente adeguate già per doti-naturali alle funzioni da svolgere. Sotto questo riguardo, possiamo individuare nell'interpretazione della *techne* proposta dall'umanismo alcuni principi dotati di forte connotazione specista e a loro volta in grado di fungere da volani di disgiunzione tra l'essere umano e gli eterospecifici. Può sembrare strano, ma il modo di concepire la *techne* è già in sé un operatore molto efficace nel costruire quella dicotomia categoriale dove tanto l'uomo quanto l'alterità animale dismettono i propri contenuti effettivi per assumere la forma dialettica di termine e contro termine che sta alla base del paradigma umanista.

Innanzitutto, nella visione prometeica la *techne* ha principalmente un ruolo performativo, per cui tutto ciò che produce ha un suo specifico ruolo nella realizzazione di una o più prestazioni. In questo senso, essa viene vista come arte di produrre strumenti i quali, a loro volta, sono correlati e perimetrali all'interno di un prefissato destino funzionale e performativo. In questo senso, la tecnologia non è assimilata totalmente al corpo - se la mano può essere utile per una particolare funzione non si esaurisce in essa - ma non per il fatto di rendere possibili più funzioni, quanto nel liberare il corpo dalla funzione. Nella letteratura umanistica la *techne* consente la libertà dell'umano, rappresentando in ciò una dimensione di vita oltre che una caratterizzazione performativa.

L'approccio umanistico alla *techne* è ergonomico nel senso di:

a) Ancillarità, ovvero di fornire strumenti che estendono il potenziale del corpo senza modificarne i predicati e senza cambiare pertanto la dimensione ontologica del soggetto.

b) Disgiuntività, ovvero di porsi tra il corpo e il mondo favorendo il mantenimento dello stato di purezza e di indeclinazione del corpo.

«Ergonomica» vuol dire che si modella sul corpo senza forzarlo, che si dà al corpo senza provocarne alcuna metamorfosi, che è al servizio del corpo per servirne le esigenze. Partiamo dal punto *a)* per comprendere il concetto di ancillarità, ossia l'idea che la *techne* sia al servizio performativo dell'uomo nel produrre strumenti che hanno il compito di mettersi al servizio dei bisogni dell'essere umano. In questo senso, lo strumento non modifica e non mette in discussione né il compito (il fine) a cui è preposto né il corpo che lo utilizza (il predicato) dell'essere umano, ma semplicemente aiuta il predicato (per esempio, la mano) a raggiungere il fine (piantare un chiodo). Lo strumento è chiamato a colmare una discrasia immensa tra i fini dell'uomo, considerati infiniti dalla concezione sussuntiva del vitruviano contenere il mondo, e la carenza epimeteica dello stesso, ritenuti indefiniti e abbozzati.

Lo strumento pertanto non entra nell'ontologia umana, che rimane autoreferenziata ovvero non influenzata da alcunché di non umano, giacché non modifica il *telos* dell'uomo e la dimensione intima dell'esistenza umana. Lo strumento pertanto di volta in volta è considerato come stampella rispetto alle carenze del corpo, come farmaco per alleviare le sofferenze causate dalla discrasia tra i fini inerenti all'uomo e i miseri predicati fisici con cui li deve perseguire, come potenziatore dei predicati capace di moltiplicarne la forza e di estenderne l'operatività. La *techne* è cioè il rimedio chiamato a riempire il terrificante gap tra i fini dell'essere umano, proiettati a contenere l'universo - per esempio, per capirlo ovvero per trasformarlo in una struttura esplicativa - e dall'altra quel bisogno di mantenere neutra l'antropometria al fine di realizzare l'obiettivo di superare la concezione soggettivistica dei sofisti e dichiarare l'umano, e non il singolo uomo, misura del mondo.

Si tratta di un paradigma esplicativo alquanto ricco di fascino e per certi versi persino intuitivo e ciò nondimeno errato. Innanzitutto non è vero che lo strumento non modifichi i predicati dell'essere umano, che si limiti cioè a essere come un guanto che calza la mano, la protegge, ne potenzia le funzioni senza forzarla minimamente sotto il profilo metamorfico. Ogni tecnologia è come un virus che entra nella cellula umana, ovvero nei suoi predicati, e la modifica riorganizzandone le strutture-funzioni, vale a dire i suoi predicati. I motivi sono innumerevoli. Il primo, quello più immediato da comprendere, riguarda il processo di sviluppo dei diversi organi del corpo, in particolare gli apparati di interfaccia, quali i sistemi endocrino, immunitario e neurobiologico. Si tratta infatti di strutture evolutive la cui conformazione ontogenetica risente in modo determinante dei contributi stimolativi esterni, esattamente come la chioma di un albero assume una certa forma piuttosto che un'altra a seconda delle opportunità di luce che si trova ad avere. Gli strumenti danno cioè degli specifici indirizzi evolutivi modificando il risultato ontogenetico che va a costituire l'effettivo fenotipo del soggetto. Si tratta di un processo che entra in azione già nelle prime fasi di traduzione del genoma, vale a dire con effetto epigenetico nella costruzione embriofetale, che peraltro dà al soggetto caratterizzazioni molto marcate rispetto alla propria identità.

Ancora più evidente è l'influenza nell'età evolutiva, dove lo strumento ha agibilità di indirizzo sia nella specificazione esperienziale (vale a dire permettendo alcune particolari esperienze), agendo da base sicura di elettività, sia nel definire un percorso di sviluppo (una specifica zona di crescita prossimale), agendo da modello, da stimolo o da punto di riferimento. Inoltre, lo strumento fa compiere certi particolari esercizi o ginnastiche ontogenetiche al corpo, esattamente come le macchine utilizzate nel body-building che, lavorando su precisi plessi muscolari, determinano un differenziale di crescita e tonificazione muscolare.

Anche la percezione di carenza si modifica in modo consistente, poiché nel momento in cui il soggetto, ma più in generale una comunità, si abitua a compiere una funzione o a raggiungere particolari fini attraverso la performazione ibrida corpo-strumento, la sola idea di privarsi dello strumento fa sentire carenti e parimenti insorgono problemi che vanno oltre la semplice performazione compromessa.

Questo ci fa capire due cose, in buona sostanza:

1. Che la tecnologia non è costruita su un deficit *ab origine*, non ha cioè una funzione esonerativa, ma essa stessa costruisce il deficit, vale a dire ricorda l'innamoramento, che rende il bisogno del partner un *ex post* e non una precondizione.

2. Che la tecnologia non investe solo l'ambito funzionale, propriamente strumentale, ma interviene altresì nella dimensione esistenziale dell'umano, per esempio nei meccanismi di coesione e di appartenenza sociale.

Ci troviamo di fronte a due evenienze che mettono fortemente in discussione il principio di ancillarità della *techne*, giacché cominciamo a comprendere che attraverso l'emergenza del predicato tecno-mediato si modifica il processo di sviluppo fenotipico dell'individuo, si costruiscono nuovi predicati dell'essere umano, si amplifica il senso di carenza ovvero il deficit avvertito tra obiettivi e dotazioni naturali, si cambia la dimensione esistenziale dell'essere umano. Come vedremo, queste argomentazioni danno già prove consistenti rispetto alla confutazione della visione umanistica di stampo prometeico, giacché mettono in discussione il paradigma dell'incompletezza e dell'indeclinazione della natura umana, rigettando il concetto di deficienza originale, e parimenti l'idea di intangibilità, autodeterminazione dell'ontologia umana, mostrando al contrario come l'umano sia stato modificato dall'esterno non solo sotto il profilo dei predicati performativi ma altresì nella dimensione esistenziale. Nel momento in cui si mette in discussione la lettura ergonomica della *techne*, assistiamo allo sfaldarsi del progetto umanistico.

La categoria dell'umano, come termine oppositivo al contro termine animale, viene in tal senso svuotata di due caratteri fondativi: l'idea di una determinazione naturale evanescente, ossia di una sostanziale indeclinazione e quindi la pretesa di potersi ergere a unità di misura; l'idea di autoreferenza e autodeterminazione, oltre che ovviamente di essenzialità pura dell'umano, quale entità auto-centrata e non contaminata dall'esterno. Se non bastassero tali argomentazioni, vorrei ricordare che rispetto al punto a), ovvero alla confutazione del concetto di ancillarità della *techne*, mancano all'appello due ulteriori considerazioni di base, se vogliamo più bisognose di puntualizzazioni che esulano dai fini del presente saggio, ma ciò nondimeno utili da presentare:

1. L'effetto filogenetico della *techne* nella costruzione della natura umana.
2. La modificazione dell'orizzonte dei fini che l'uomo si propone, anche in questo caso in virtù di ogni emergenza tecnologica.

La prima riguarda il fatto che l'intervenienza tecnica caratterizza la nostra famiglia filogenetica, ancor prima della separazione tra panidi e australopitecine, e poi soprattutto a partire dall'emergenza del genere *Homo*. Parliamo in termini di milioni di anni, per cui non è azzardato considerare l'intervenienza della performatività tecno-mediata all'interno dei meccanismi selettivi. In altre parole, possiamo ragionevolmente supporre che l'emergenza di una tecnologia, modificando la pressione selettiva su un organo, abbia contribuito a riformulare il processo di conformazione somatica della nostra specie. Già Charles Darwin nel saggio *L'evoluzione dell'uomo*[102] aveva ipotizzato un effetto reversivo dei comportamenti prosociali sulla selezione naturale, ossia un'azione del comportamento sul meccanismo selettivo, in questo caso annullando in un certo senso il meccanismo. A mio avviso, questa lettura è sbagliata per diverse ragioni. La selezione naturale non è un processo digitalico, nel senso di «esserci o non-esserci», e generico, del tipo «lotta del più forte o del più adatto», ma è una pressione che agisce valutando la fitness riproduttiva dei soggetti nelle loro espressioni di efficacia-efficienza adattativa. Se la fitness riproduttiva è sempre un differenziale riproduttivo, la selezione non può mai essere azzerata ma solo spostata da un certo canone performativo a un altro. In questo senso ogni emergenza espressiva, compresa l'evoluzione prosociale rimarcata da Darwin, ma a questo punto anche e soprattutto ogni forma di performatività tecnomediata, produce slittamenti della pressione selettiva dalla capacità del corpo a realizzare una certa funzione, rilevante in termini di fitness, alla capacità dello stesso di realizzare detta funzione insieme allo strumento, dove assume un'importanza basilare la conformazione del corpo allo strumento. Se viene prima lo strumento poi lo slittamento selettivo che conforma il corpo, ci troviamo a dover invertire il principio ergonomico: non è lo strumento che si adegua al corpo ma è il corpo che si adegua allo strumento.

Il secondo argomento che vorrei mettere in discussione è l'immutabilità dei fini umani, ovvero la non influenza dell'evoluzione tecnologica nel definire, permutare o anche solo spostare l'orizzonte del *telos* umano. L'uomo si avverte come un progetto o proiezione, sia nella propria individualità - da cui l'atletismo umanistico, ricorrente anche in Nietzsche e in Sloterdijk, dove il termine-proiezione oltreumano ha il senso elevativo e non di superamento della gravitazione antropocentrata - sia nella definizione stessa della condizione umana, quale funambolismo tra una concezione emancipativa e una caduta negli inferi della bestialità. La concezione di ancillarità della tecnologia riguarda l'idea che lo strumento sia il mezzo utile per perseguire dei fini che hanno carattere di inerenza, ovvero che sono totalmente svincolati dai mezzi che si rendono disponibili. La *techne* è ancillare in quanto si pone al servizio di fini che le vengono imposti dall'uomo e non che nascono dal *milieu* dialogico tra uomo e tecnologia. In tal senso l'essere umano è dominatore dei propri strumenti ancor prima che del mondo su cui essi insistono, senza esserne minimamente influenzato sotto il profilo della definizione dell'orizzonte su cui si proietta.

Se, viceversa, mettiamo in discussione la paziente, ossequiosa ubbiditività della *techne*, sospendendo la concezione antropocentrica dell'ancillarità, ci rendiamo conto che lo strumento è un pessimo servitore e che, contrariamente a quello che potremmo credere, interviene pesantemente nella definizione dei fini perché fa intravvedere sempre nuovi orizzonti su cui proiettarsi.

Prendiamo ora in considerazione il punto *2)*, ovvero la pretesa disgiuntività della *techne*, una condizione che ci porterebbe a credere che ogni aggiunta alla tecnosfera rappresenti un contributo per la separazione dell'uomo dal mondo e il rafforzamento del suo carattere autarchico e autopoietico. In altre parole, si è soliti pensare che l'insieme dell'apparato tecnologico dia vita a una sorta di utero capace di contenere l'umano e di farlo vivere in una dimensione totalmente proiettiva dei propri predicati, un ambiente frattale dell'umano, capace di creare una sorta di isomorfismo o di co-sostanzialità tra l'essere umano e la sua nicchia, a questo punto non più adattativa (*umwelt*) ma pienamente esistenziale (*welt*).

Ho già avuto modo di contestare la pretesa autarchia nell'evoluzione tecnopoietica dell'essere umano sottolineando come sia sbagliato considerare l'emergenza di un «culturmorfema» quale atto-evento emanativo dell'umano. In questi ultimi vent'anni, attraverso l'analisi zooantropologica ho mostrato come nella figurazione, nella danza, nella musica, nella moda, nella cosmesi, nell'architettura, in tutte le arti manifatturiere e soprattutto nella tecno-poiesi l'essere umano abbia seguito epifanie eterospecificate, vale a dire sia stato ispirato dall'alterità animale nel proiettare se stesso nella dimensione ontica di un'altra specie. Con questo voglio ribadire che il «culturalmorfema» non è un frutto solipsistico dell'umano ma l'esito dialogico-ibridativo che emerge dalla relazione dell'essere umano con le altre specie.

La tecnosfera non va inquadrata come un utero che immerge l'uomo in un frattale proiettivo di sé separandolo dalle alterità, ma al contrario come un'interfaccia che accresce il gradiente partecipativo. Nella tecnologia e attraverso di essa l'uomo abbassa i contenuti antropocentrati, diminuisce la propria gravitazione sul canone di specie, abbandona la solitudine della prospettica specie-specifica per essere contaminato dalle alterità. La *techne* non è pertanto un atto che disgiunge ma un evento che congiunge; non ha un effetto narcisistico quale si potrebbe supporre nell'idea di tecnosfera-utero, basata sulla continua riflessione di contenuti umani, bensì ha un significato d'incentivazione dialogica: la *techne* come allargamento dell'interfaccia dialogica dell'umano. A fronte di questo non possiamo considerare la tecnomediazione quale evento disgiuntivo o emancipativo dell'uomo nei conversi degli altri esseri viventi, giacché esso testimonia, al contrario, un evento ibridativo e coniugativo, vale a dire esattamente l'opposto. Attraverso la *techne* l'uomo si ibrida con gli eterospecifici, accrescendo il suo contenuto partecipativo e non la sua lontananza dal mondo. La *techne* non è pertanto il disinfettante che mi consente processi di epurazione ma il luogo stesso dove si inaugurano riti di contaminazione.

In questo modo, l'essere umano si fa altro-da-sé, seguendo traiettorie progettuali dettate da ontiche non umane. In considerazione di questo portato ibridativo, sotto il profilo genealogico e partecipativo, per quanto concerne l'esito del prtocesso di tecnomediazione, non possiamo continuare a leggere la *techne* come principio di disgiunzione. Ma proprio nel mettere in discussione il principio disgiuntivo, parzialmente confutato anche nel confutare il concetto di strumento quale guanto separativo, ci rendiamo conto di come la lettura umanistica della *techne* avesse un progetto ben preciso: quello di creare una dialettica disgiuntiva tra due termini - l'uomo e l'animale - al fine di esaltare il primo e annichilire il secondo. L'interpretazione della *techne*, e non già la tecnica in sé, viene utilizzata dall'umanismo per il suo progetto di specismo ontologico. La *techne* non è pertanto il male e non implica necessariamente lo specismo; al contrario, una sua lettura non umanistica ci permette di rilasciare alcuni tra i più efficaci farmaci contro lo specismo.

E forse ha proprio ragione Philip K. Dick nell'affermare che, molto probabilmente, saranno le macchine a liberare gli animali[103].

5.
L'UMANO COME FRUTTO IBRIDO

Analizzando le diverse espressioni della cultura umana non si può che restare pieni di meraviglia di fronte alla moltitudine di forme che la caratterizzano, ed è perlomeno impossibile farne una catalogazione, vale a dire tracciarne una mappa tipologica, perché ci si trova innanzi a un *continuum* di materiali e di stili, dove tracciare dei confini risulta di fatto un'operazione arbitraria. Di certo è evidente che tale pluralità espressiva debba essere ricondotta a particolari predicati di retaggio filogenetico dell'essere umano, anche perché la nostra specie indubbiamente si caratterizza per questo e ne ha fatto un carattere vincente sotto il profilo adattativo. Pertanto, è impensabile tracciare una spiegazione antropologica bypassando un'analisi approfondita su tali caratteri o negligendo il fattore filogenetico. Ora si tratta di capire se tali predicati, presi nella propria autonomia performativa siano in grado di spiegare l'esito culturale o se, come io credo, si debbano intendere come motori dialogici, ovvero performativamente utili a costruire ponti ibridativi con le alterità.

Si tratta quindi di chiedersi:

a) Se l'eccedenza che ha reso possibile tale polimorfismo ontologico sia attribuibile a un deficit di risorse filogenetiche o, al contrario, proprio a una specializzazione filogenetica.

b) Se il processo ontogenetico e antropopoietico si attui in modo autarchico oppure sia il frutto di un processo ibridativo.

Di certo, oggi appaiono obsolete quelle teorie che leggevano il fenotipo come pura traduzione del genotipo, considerando come semplice variabile interveniente il contesto evolutivo, e che pertanto si trovavano a ricondurre forzosamente l'identità ontogenetica all'eredità filogenetica. Gran parte delle aberrazioni d'inizio Novecento - dal darwinismo sociale all'eugenetica - poggiava sulla falsa idea della pergamena da svolgere e quindi sul carattere autopoietico del patrimonio innato.

Per contro, le teorie ambientaliste sbagliavano in direzione contraria, nel considerare l'essere umano come un'entità totalmente plastica, priva di caratterizzazioni filogenetiche, da piegare o pronta a essere piegata per aderire a qualunque progetto sociale. L'uomo non è un foglio bianco, una tabula rasa, ma un'entità filogenetica ben precisa, con una sua storia adattativa e con prossimità tassonomiche altrettanto definite-definibili. In qualità di prodotto-artefatto filogenetico, la nostra specie presenta tendenze, vulnerabilità, idiosincrasie, parzialità, punti nevralgici di resistenza al cambiamento, ma soprattutto «organizzazioni evolutive», vale a dire modalità ben precise di costruire la chioma di correlazione evolutiva che caratterizza l'ontogenesi. Tanto la proposta innatista quanto quella ambientalista non ci permettono perciò di considerare tali tendenze o propensioni come «evolutivamente aperte», cioè capaci di dar vita a strutture ontogenetiche nuove ossia non deterministiche nell'esito predicativo.

Parlare di un determinante filogenetico - ossia di un'organizzazione evolutiva che definisce: il come l'esperienza venga introiettata nel processo evolutivo o di sviluppo dell'identità individuale; il range di possibilità evolutive, per cui un essere umano, qualunque esperienza faccia, non potrà mai assumere il profilo comportamentale di un cavallo o di un delfino - non significa immettere nell'umano dei determinismi, ovvero delle caratteristiche già strutturate che non possono essere modificate. Come ho detto, questo fa parte di una visione non dialettica del processo evolutivo che porta a cercare un unico fattore causale dell'esito comportamentale, sia esso considerato genetico o ambientale. Tanto la spiegazione della pergamena da svolgere (l'innato deterministico) quanto quella della tabula rasa (l'ambiente deterministico) fanno parte del modello cartesiano di *res extensa*. L'identità che il soggetto raggiunge nel processo evolutivo è il frutto di una dialettica o dimensionalità tra innato e appreso e non una giustapposizione o complementazione dei due termini.

In altre parole, allontanandoci dalla visione umanistica che fa discendere la libertà evolutiva dell'essere umano da una *vacatio* di innato, dobbiamo riconoscere che, proprio grazie alla complessità e alla ridondanza dell'innato - cosa peraltro che accomuna l'essere umano agli animali che forniscono cure parentali -, è possibile raggiungere una complessa pluralità identitaria attraverso la diversità esperienziale di ciascuno. Apprendere infatti non vuol dire riempire un contenitore vuoto - per cui tanto più è deficitario tanto maggiore è il contenuto che vi posso immettere - ma organizzare un sistema, quindi tanto più è complesso tanto maggiori sono le possibilità organizzative. «Innato» e «appreso» sono pertanto legati non da una proporzionalità inversa ma diretta, come peraltro è stato dimostrato dalle ricerche di neurobiologia degli ultimi tre decenni. Il principio di carenza è pertanto un errore nella valutazione del processo evolutiva, riconducibile alla tradizionale metafora dell'anfora da riempire.

D'altro canto per comprendere, anche solo per grandi linee, le coordinate ontogenetiche che danno luogo all'emergenza di quel profilo dinamico e instabile, ambivalente e plurale, caratterizzante l'umano, è importante considerare non solo le dinamiche evolutive ma anche i processi di percezione identitaria: come l'uomo definisce ciò che gli è proprio, attraverso eventi di confronto e di riflessione con le alterità. L'uomo che esce dalla rivoluzione del Neolitico di fatto ha introiettato performativamente un corposo catalogo di tecnologie e apparati culturali, per cui è comprensibile che a-posteriori senta che il privarsi di detti strumenti significhi trovarsi in seria difficoltà rispetto agli standard performativi cui è abituato. Più che parlare di una carenza *ab origine* è pertanto necessario rimarcare il senso di carenza a-posteriori, ossia la difficoltà di privarsi dei supporti strumentali o culturali una volta che questi non solo siano stati assunti, ma siano stati introiettati nella percezione di adeguatezza performativa e di congruenza sociale.

Di certo, l'umanismo ha costruito il proprio paradigma avendo come base l'assunto di incompletezza dell'umano, un manifesto ideologico che utilizza la «sensazione di carenza» che l'essere umano prova allorquando si confronta con la performatività animale per sottolineare lo *iato* e la differenza meta-predicativa tra sé e le altre specie. Il mito dell'incompletezza è ciò che sostiene l'iconografia vitruviana e l'antropocentrismo che ne consegue. In fondo le teorie antropologiche, pur nella diversità delle varie proposte, ci appaiono tutte figlie di un medesimo presupposto fondativo: l'idea che l'essere umano sia stato condannato a esonerare - attraverso il lavoro, la sofferenza, lo sforzo - una pressoché totale incompetenza di rango. Tale mancanza di correlazione funzionale, che si traduce in un onere performativo da esonerare attraverso la cultura, da una parte svincola l'essere umano da una precisa posizione ecologica, rendendolo potenzialmente totipotente e quindi aperto a qualunque esito creativo - l'uomo creatore di mondi del pensiero heideggeriano -, dall'altra gli dona titolarità soggettiva, sottraendolo dalla rigida nomotetica della selezione naturale e facendo emergere le basi del cogito e il libero arbitrio.

Per comprendere tali fondamenti del pensiero umanistico è perciò nevralgico considerare il modello interpretativo che pone natura e cultura come due entità sostanzialmente estranee l'una all'altra, ricavabili per opposizione, legate tra loro da un rapporto di proporzionalità inversa. Se si legge la dialettica natura-cultura in termini dicotomico-complementativi è inevitabile che chi voglia rimarcare il carattere culturale dell'essere umano tenda a sminuirne il retaggio filogenetico e che, viceversa, chi punta tutto sull'ereditarietà dei predicati sia negligente rispetto alle variabili evolutive. In questo modello si nascondono tutte le radici dello specismo, sempre pronte a germogliare nuove forme di specismo qualunque percorso teoretico si addotti. Anche l'idea di purezza e di incontaminazione, che tanta parte ha avuto nell'ecologismo, con le sue derive preservazioniste e tecnofobiche, non si allontana dall'immagine botticelliana di una separazione degli enti, di una visione eidetica degli stessi, da un umanismo con retrogusto fissista che separa l'uomo dalle altre specie.

Ecco l'errore che dovremo imparare a superare in questo difficile secolo che si sta apparecchiando davanti a noi. L'idea autarchica dell'umano, il mito della purezza, la concezione autopoietica rappresentano i complementi del principio d'incompletezza e sfociano in quella visione evolutiva dell'umano basata sulla disgiunzione metapredicativa dai non umani e sull'emancipazione dalla natura. In questo intreccio di elementi ricorsivi lo specismo umanistico si autoalimenta, sfruttando a proprio vantaggio qualsiasi ragionamento critico che non ne confuti o che si rifiuti persino di porre in dubbio i principi fondativi. Occorre pertanto ripartire dalla natura umana, da quel retaggio che da una parte ci accomuna agli altri esseri viventi e dall'altra è promotrice (ovvero non contrastativa) di ciò che consideriamo come proprio dell'uomo. Per far questo, è quindi indispensabile ammettere che:

1. I processi evolutivi sono dialettici, ossia si basano su relazioni di proporzionalità diretta e non inversa, giacché è proprio la struttura ridondante quella che presenta una maggiore virtualità evolutiva e che manifesta una consistente disponibilità a internalizzare i contributi che le provengono dall'esterno.

2. La natura umana è portata a ibridarsi con elementi esterni, ovvero a eccentrarsi dal proprio nucleo filogenetico, vale a dire a entrare in relazione con le alterità non umane, lasciandosi contaminare da esse ossia introiettando predicati non umani, cosicché il processo antropopoietico non va considerato né un completamento né una disgiunzione, bensì una coniugazione con le alterità.

Da cui possiamo desumere che, al contrario di quanto affermato nel paradigma umanistico dell'incompletezza, proprio la complessità filogenetica dell'essere umano consenta:

a) La vastità del range di possibili esiti ontogenetici.

b) La magnificazione dell'influenza evolutiva giocata dai fattori esterni, sociali, contestuali o eteronomici.

c) La predisposizione all'introiezione di referenze esterne.

Riconoscere la natura umana - seguendo questo dettato dialogico, evitando cioè le derive deterministe e giustificative - pone diverse conseguenze rispetto allo specismo, togliendo spazio alle radici umanistiche dello specismo e stanando le innumerevoli forme di criptospecismo.

Qui mi limiterò a sottolinearne due:

1. Ammettere una natura umana e connetterla con i predicati di inerenza dell'essere umano significa disarmare ogni pretesa di disgiunzione meta-predicativa dell'uomo dalle altre specie.

2. Riconoscere la propensione eccentrativa e ibridativa della natura umana significa concepire l'antropopoiesi non come un completamento, ovvero una gravitazione antropocentrica, bensì come un antropodecentramento, vale a dire un percorso di avvicinamento alle alterità.

Assumere queste due conseguenze significa riconoscere due fattori di vicinanza tra umano e non umano, vale a dire smontare i due capisaldi dello specismo:

a) Rigettare l'idea di una differenza a-priori e meta-predicativa di *Homo sapiens* rispetto agli eterospecifici.

b) Sottolineare che attraverso l'atto culturale, base dell'antropopoiesi, l'essere umano non si disgiunge e non si emancipa dalle altre specie ma, al contrario, si congiunge a esse.

Mettere in discussione la teoria dell'incompletezza e della differenza meta-predicativa *a)* e la visione elevativa, emancipativa e disgiuntiva, del processo antropopoietico *b)* significa eradicare lo specismo umanistico, schiodare l'uomo dalla crocifissione antropocentrica.

Riassumiamo. Nella sua identità biografica e antropopoietica, l'umano è il frutto dialettico (non complementare ma dimensionale) tra:

1. Specifiche «propensioni filogenetiche», quali la tendenza alla mimesi, e una «particolare organizzazione evolutiva», caratterizzata da una complessa capacità di introiettare informazione dall'esterno.

2. Occorrenze esperienziali, casuali per certi versi e richiamate dalle propensioni filogenetiche per altri (per esempio, l'interesse dell'uomo per il non umano), che danno luogo a eventi d'indirizzo evolutivo, dal cui esito l'essere umano realizza:

a) Ciò che definisce come proprio (l'umano) attraverso un processo definito antropopoiesi.

b) Ciò che concerne l'identità individuale o biografica.

Se ipotizziamo che la specializzazione evoluzionistica nella nostra specie debba riferirsi alle capacità imitative e alle propensioni ibridative con referenti esterni, nonché a una grande ridondanza neurobiologica in grado di rendere possibili molte strade evolutive, ecco che viene a perdersi qualunque difficoltà nell'ammettere da una parte una sostanziosa caratterizzazione filogenetica, dall'altra la necessità direttamente proporzionale di rivolgerci all'ontogenesi, cioè ai processi evolutivi, per capire come si realizzano la complessità e la variabilità del sistema uomo. Se pertanto non si può prescindere da una valutazione filogenetica ed etologica dell'umano - non solo dobbiamo parlare di una natura umana, ma è necessario farlo dedicandole un ampio capitolo - allo stesso modo è indispensabile capire che la dimensione umana eccede l'etogramma di *Homo sapiens* e pertanto non è possibile fondare l'umano facendo esclusivo riferimento al prospetto filogenetico. In tal senso le propensioni dialogiche di retaggio filogenetico avrebbero permesso all'essere umano di ibridarsi con il mondo esterno e di dar vita a predicati che lo decentrano dal suo canone di specie. A questo punto però, occorre partire dalla prima domanda.

SIAMO INCOMPLETI?

La teoria dell'incompletezza nega la comparazione tra l'uomo e le altre specie ancor prima della commensurabilità (differenze di grado) o della pluralità (differenze di caratteri) perché toglie all'essere umano i predicati di comparazione, ciò che lo porrebbero per certi versi simile e per altri differente o che potrebbero costituire una gradualità nei caratteri. Per l'umanismo, attraverso la teoria della mancanza l'uomo semplicemente «non è un animale». Finché questo presupposto resta vigente la nostra critica sarà rivolta alle conseguenze speciste e non ai fondamenti specisti.

Torniamo perciò alla teoria dell'incompletezza. Tale lettura presenta delle palesi falle sotto il profilo dell'interpretazione darwiniana, giacché non può darsi una carenza *ab origine* in una logica di progenitura comune. Se prendiamo in considerazione i processi di speciazione ci rendiamo conto che i passaggi riorganizzativi del fenotipo, alla base dell'evoluzione di una specie, sono resi possibili dall'accumulo graduale di mutazioni nel genotipo della specie stessa e da uno slittamento del contesto e dello stile di vita di una popolazione che si stacca dal complesso della specie. Per questo la speciazione comporta un precedente processo di selezione contesto-riferito, è il frutto di tale processo che ritaglia all'interno di una popolazione più ristretta, dove cioè i contenuti mutazionali sono meno diluiti e dove certi caratteri si trovano casualmente enfatizzati, dei connotati particolarmente adeguati rispetto al nuovo ambiente-stile di vita. È ovvio allora che se la speciazione è frutto della selezione non è possibile ammettere una *vacatio* adattativa *ab origine* nel processo speciativo.

Detto questo occorre peraltro riflettere in modo più equilibrato su quanto ci è dato riscontrare sulla corporeità dell'essere umano. Sotto il profilo dell'indagine morfologica (anatomica soprattutto, ma anche istologica) e funzionale (fisiologica in senso lato ed etologica in senso specifico) dell'essere umano, notiamo una specie che si presenta tutt'altro che carente o incompleta. La nostra specie manifesta una complessità anatomico-funzionale e una declinazione performativa dei propri apparati e delle proprie fisiologie molto stringenti. Come considerare incompleta una morfologia neurobiologica che presenta 100 miliardi di neuroni che presentano manifestano già indicazioni migratorie all'interno del sistema nervoso centrale e specificità di cablaggio sinaptico? Come considerare incompleta una specie dotata di una capacità prattognosica che le permette di usare un microtomo o di afferrare una pallina che si muove lungo una traiettoria a oltre 150 chilometri orari con la stessa precisione? Come considerare incompleta una specie che presenta un apparato vocale in grado di produrre una grande quantità di fonemi con estrema precisione, attraverso una complessa strutturazione del tratto laringeo e riorganizzazione degli apparati sopralaringei? Come considerare incompleta una specie dotata di un apparato visivo così specializzato da permetterci una risoluzione tanto alta da consentire la lettura, e parimenti una visione binoculare che ci rende in grado di calcolare perfettamente le distanze nonché una sensibilità cromatica in grado di operare sottili distinzioni tra i colori tipici della vegetazione?

Che dire poi delle specificità etografiche? Attribuendo importanza alla struttura rappresentazionale non teniamo conto degli aspetti disposizionali e così facendo ci smarchiamo da qualunque contiguità con gli altri animali. Se osservo un gatto che corre dietro a una pallina o gioca con un rocchetto, se balza in aria per afferrare un pendaglio o con una zampa colpisce la freccetta del mouse sullo schermo del computer, attribuisco a tutti questi comportamenti - seppur espressi su target differenti, in contesti diversi e in modi specifici, ovvero su strutture rappresentazionali proprie - la medesima disposizione predatoria come primo *movens* del comportamento. In altre parole, la pallina in movimento non è un target in assoluto ma lo diventa per il gatto, perché è dotato di motivazione predatoria.

Se questo è vero, perché allora non applicare lo stesso concetto alla collezione di figurine o di francobolli, alla smania di catalogare il mondo, alla nostra vocazione allo shopping compulsivo oppure al rischio di divenire accumulatori seriali? Modificando le strutture rappresentazionali (target, contesto, modo) rimane la stessa motivazione sillegica che ci caratterizza. Stessa cosa può dirsi per altre strutture motivazionali che danno una specifica connotazione alla nostra specie nonché per le disposizioni emozionali che orientano le nostre scelte molto di più dei nostri ragionamenti[104].

La teoria dell'incompletezza parte da un principio di mancanza che dovrebbe manifestarsi attraverso primitivismi o inadeguatezze espressive, tali per cui la cultura emergerebbe per esonero degli oneri causati proprio da tale mancanza. Più coerente, a mio avviso, è l'interpretazione che Charles Darwin propone nel saggio *L'origine dell'uomo*[105], prevedendo un processo di selezione di retaggi prosociali nella specie *Homo sapiens*, particolarmente utili alla sopravvivenza, i quali a loro volta avrebbero criptato la nostra specie dai meccanismi selettivi tradizionali - la classica eliminazione del più debole - aprendo una nuova strada filogenetica.

A parte il fatto che, se esaminiamo attentamente il concetto di selezione in Darwin, ci sarebbe molto da discutere sulla scelta della lettura tradizionale: l'idea di selezione come sopravvivenza del più adatto è riconducibile a Herbert Spencer e Alfred R. Wallace. Come giustamente riporta Ernst Mayr[106], il naturalista inglese fu sempre molto distante dalle concezioni essenzialistiche - da cui i termini di perfetto, completo, adatto, che nella letteratura di Darwin non compaiono mai - per cui possiamo dire che si tradisce il darwinismo ogni volta che lo si riporta all'interno di una matrice platonico-aristotelica.

D'altro canto, è vero che Darwin stesso, nel suo perfezionismo inclusivo e conciliatorio - in lui il genio è sempre coniugato all'umiltà e alla problematizzazione - lascia ampi spazi di permeabilizzazione.

L'ipotesi reversiva ne è un esempio, come l'aver accolto le definizioni di Spencer e Wallace nella sesta edizione dell'*Origine delle specie*. Secondo questa teoria, la cultura emergerebbe attraverso i classici meccanismi filogenetici e in conformità a essi, ma poi retroagirebbe su questi ultimi, determinando un effetto di rottura o soluzione di continuità. L'effetto reversivo nella filogenesi dell'uomo, sottolineato da Patrick Tort[107], ci parla di un'antropologia darwiniana che prende decisamente le distanze dalle derive applicative che alla fine del diciannovesimo secolo e nei primi decenni del ventesimo hanno teorizzato l'applicazione istituzionalizzata dei metodi selettivi sull'uomo per preservarne le capacità adattative.

Tuttavia, anche il concetto dell'effetto reversivo presenta parecchi punti deboli. La selezione naturale agisce su canoni performativi nella loro espressione specifica e nel contesto particolare, anche occorrente, in cui operano. Qualunque espressione - derivi da un accidente, da una mutazione, da una sopravvenienza, da un'invenzione, poco importa - determina un canone performativo e una conseguente pressione selettiva. Per questo, più che un effetto reversivo dovremmo parlare di una modificazione del canone performativo: ciò che prima si faceva in un modo, o addirittura ciò che si faceva, ora è stato sostituito da un'altra azione. Il canone performativo può essere introdotto da una cultura esattamente come da una mutazione genetica o da un contesto epigenetico: con l'invenzione dell'antibiotico, la pressione selettiva slitta dalla capacità del corpo di esprimere efficacia nell'antibiosi a quella di interfacciarsi e tollerare l'antibiotico[108]. Ogni modificazione del canone performativo determina un conseguente slittamento della pressione selettiva, non la sua criptazione.

Il canone performativo indica il cosa-si-fa e il come-si-fa di un processo adattativo, in grado di cambiare le dinamiche competitive e gli ambiti di competizione, le aree di svincolo per esternalizzazione di funzioni e quindi le disponibilità exattative, le controparti verso cui adattarsi e i contesti da rispecchiare[109]. Da ciò possiamo concludere che ogni modificazione del canone performativo non azzera ma sposta le coordinate di selezione. Questo significa che la pressione selettiva slittata da una conformazione morfo-funzionale agisce su un'altra conformazione, accrescendo semmai la specializzazione somatica, non creando un primitivismo. In altre parole, la metamorfosi performativa tecno-mediata determina effetti sul rapporto triadico «organo-strumento-funzione», dove la pressione selettiva si trova spostata sul conformare l'organo per adattarsi al media e questi due al nuovo canone performativo.

In ragione di ciò, possiamo affermare che ogni intervento culturale non azzera la pressione selettiva, semplicemente la sposta rendendo la specie molto più indirizzata all'obiettivo performativo perché conformata su un gradiente di secondo livello - adeguamento del corpo allo strumento e adeguamento della coppia performativa alla funzione. La cultura pertanto non sottrae l'organo alla pressione selettiva ma gli dà una declinazione ancor più specialistica, poiché gli chiede di conformarsi allo strumento con il quale poi raggiungere la funzione. L'organo non è incompleto in senso assoluto, è semplicemente declinato, ovvero specializzato in modo più stringente, per cui ci troviamo di fronte a una situazione che è esattamente l'opposto rispetto alla visione pichiana di un deficit epimeteico o di una virtualità (sussunzione) e neutralità (metrica) visualizzabile nell'icona vitruviana. L'idea di incompletezza è pertanto una sensazione a-posteriori, che affronteremo nel prossimo paragrafo, attribuibile al fatto che ogni epimeteismo, sia adattamento funzionale a un contesto ma ancor di più adattamento strumentale a un contesto, lega in modo indissolubile il soggetto al contesto (tanto se in modo diretto quanto se in modo mediato) cosicché se eradichiamo il soggetto epimeteico dai suoi riferimenti adattativi, questo si sente nudo e carente.

VOLANI FILOGENETICI DI IBRIDAZIONE

Ma non è solo questo il punto. Se consideriamo la tendenza, così rilevante nell'essere umano, a perfezionare o semplicemente realizzare funzioni adattative attraverso la mediazione di un'entità extracorporea - che sia una teoria, una disciplina, uno strumento, poco importa - dobbiamo chiederci non rispetto a quali mancanze l'essere umano costruisce le proprie esternalizzazioni o mediazioni (essendo la carenza, come abbiamo visto, un *ex post*) ma in virtù di quali propensioni ibridative l'uomo è vocato a strutturare legami forti con enti esterni, vere e proprie partnership performative, per dare compimento ai suoi orizzonti adattativi.

Per sostenere un'ibridazione così rilevante - nei termini di pluralità, complessità, profondità, ricorrenza - la cui perspicuità non richiede ulteriori specifiche, è indispensabile ipotizzare dei predicati filogenetici capaci di predisporre forti propensioni dialogico-ibridative nell'essere umano. Pertanto, se è vero che non è possibile desumere il risultato culturale dal retaggio filogenetico, è altresì innegabile che proprio le caratteristiche specie-specifiche abbiano promosso quel processo ibridativo che ha dato vita alla cultura.

Quali possono essere questi tratti filogenetici che hanno favorito l'eccentramento culturale? Come dicevo, non una carenza ma un esubero caratterizza la natura umana, e non si tratta di una ridondanza generica bensì di una prevalenza di connotati coniugativi, primo fra tutti la tendenza mimetica. Già nel bambino osserviamo la propensione a imitare qualunque ente-evento, sia in termini di movimento che di vocalizzazione. La tendenza mimetica rende l'essere umano particolarmente permeabile ad assumere espressioni e comportamenti non umani. In altre parole, l'universo eterospecifico diviene una sorta di grande sillabario di modelli che porta a conformare l'ontogenesi umana su coordinate non umane.

La mimesi è innanzitutto un vedersi nell'eterospecifico, ancor prima che imitarne la performatività, vale a dire un proiettarsi o un lasciarsi possedere per adire a una dimensione esistenziale che non è esattamente la propria. Anche la forte motivazione competitiva, facilmente dimostrabile nella nostra specie, ci rende propensi a entrare in confronto diretto con le altre specie e a emularne le caratteristiche. L'uomo entra subito in competizione, invidia i talenti delle altre specie - e il mito di Prometeo ed Epimeteo ne è la prova -, li vuol far propri e questo rappresenta un incentivo non secondario ad assumere connotati non umani.

Un'altra caratteristica della nostra specie è la forte vocazione epimeletica, riconducibile al fatto che, avendo (come gli altri primati) una lunga età evolutiva, gli umani devono necessariamente possedere una disposizionalità a fornire cure parentali. Il bisogno di cure parentali nei cuccioli e la disponibilità a fornire cure parentali negli adulti sono due caratteri che devono crescere insieme all'interno della stessa specie. Prendiamo poi in considerazione il fatto che, a differenza dei nostri cugini scimpanzé, bonobo e gorilla, alla nascita l'essere umano è molto più immaturo (i primi due mesi sono fetali, al punto tale che si parla di esogestazione): ha un volume encefalico che è il 20 percento dell'adulto, al posto del 50 percento dello scimpanzé, ha le ossa craniche non ancora saldate che lo rendono molto vulnerabile, il suo sistema neurobiologico è a tal punto immaturo che non solo non gli impedisce di tenersi attaccato alla madre, come il cucciolo di scimpanzé, ma anche di tenere su la testa. Da questo diviene evidente come la motivazione epimeletica, già enfatica nei primati, nell'essere umano assume un ulteriore sviluppo, proprio per consentire quel parto prematuro che permette di portare l'encefalo oltre quella soglia di 800 cc. che, se sviluppato intrautero come nelle scimmie antropomorfe, non consentirebbe il tragitto lungo il canale del parto.

D'altro canto, ci dobbiamo chiedere cosa significhi aumentare la motivazione epimeletica negli omidi. Come per tutte le motivazioni, aumentarne la portanza disposizionale significa non solo incentivarne il portato di competenza ma altresì:

a) Accrescere la sensibilità dei soggetti di quella specie ai segnali elicitanti tale motivazioni, ossia la suscettibilità agli stimoli et-epimeletici ovvero di richiesta di cure parentali.

b) Connettere i processi di gratificazione (piacere di raggiungere i target correlati) e quelli di appagamento (soddisfazione nell'espressione comportamentale di detto comportamento) alla motivazione potenziata.

Cosa comporta questo? Due conseguenze molto semplici:

1. Che l'essere umano diventa sensibile anche ai segnali et-epimeletici degli eterospecifici i quali, come già sottolineato da Lorenz, presentano dei tratti comuni (pedomorfie).

2. Che l'essere umano trova gratificante e appagante mettere in atto comportamenti di cura, anche nell'accudire cuccioli di altre specie.

Nella nostra specie l'enfasi della motivazione epimeletica sta alla base dell'adozione transpecifica, che può essere considerata il motore del processo di domesticazione. D'altro canto, l'adozione transpecifica crea l'emergenza di una società multispecifica, all'interno della quale i cuccioli umani apprendono non solo dai conspecifici umani ma altresì dagli eterospecifici presenti. Questo è stato un forte volano d'ibridazione.

Un'altra motivazione rilevante nell'essere umano è la tendenza sillegica, vale a dire la propensione a raccogliere, ordinare, catalogare, completare, caratteristica che può essere ricondotta allo stile di alimentazione della specie *Homo sapiens*. La tendenza sillegica è correlata alla struttura dell'apparato gastroenterico (la dentatura, il fegato, il colon ecc.), alla particolare sensibilità percettiva verso certi colori (rosso, arancio, giallo) e certi odori (fiori, frutta, alcol), alle caratteristiche prattognosiche e al coordinamento oculo-manuale, al tipo di metabolismo (epatico e pancreatico, per esempio), ai bisogni nutrizionali e ai rischi tossico-infiammatori: è riassumibile nella dieta frugivora che ci caratterizza. Anche la tendenza sillegica - dimostrabile, come ho detto, dalla frenesia collezionista della nostra specie - porta l'essere umano a considerare il mondo esterno come un grande insieme di entità da raccogliere e da catalogare, la cui biodiversità rappresenta un elemento di vivo interesse e orientamento e una fonte di gratificazione e appagamento. Da questo l'*appeal* che la zoomorfia ha per l'essere umano e la tendenza di quest'ultimo di riportare la forma animale all'interno del proprio mondo. Il sillegico infatti è spinto a raccogliere e portare in tana, vale a dire a introiettare la diversità. Da cui la facilità dell'inserimento dello zoomorfema nell'ecumene.

Alla motivazione sillegica si può collegare una marcata propensione esplorativa e perlustrativa, connotati che accrescono la tendenza epistemico-ibridativa della nostra specie, soprattutto se in sinergia con la tendenza mimetica di cui sopra. Non dobbiamo dimenticare poi che già nelle scimmie antropomorfe si riscontra una vocazione a esternalizzare le funzioni servendosi di attrezzi, che non solo vengono repertoriati nel contesto specifico di utilizzo, ma altresì scelti e raccolti in situazioni al di fuori della situazione di utilizzo e poi trasportati nel contesto d'uso o preparati e adeguati per il canone performativo. Questi comportamenti sono documentabili in forma ancor più articolata nelle australopitecine e nei primi ominidi.

Infine, ricordiamo la complessità della dimensione sociale della nostra specie, che ha facilitato non solo l'organizzazione di gruppi sempre più numerosi e meno circoscritti all'ambito familiare ma anche la dimensione sociale dell'uomo, con i suoi connotati organizzativi e collaborativi (assunzione di ruoli, divisione del lavoro, costruzione di filiere) che consente la piena introiezione di eterospecifici che hanno una medesima o comunque sovrapponibile socialità. Da qui l'estrema fortuna che il lupo-cane ha avuto nella società umana, trasformandola.

ONTOGENESI E PERCEZIONE DI CARENZA

Gli effetti maggiori della cultura sulla dimensione identitaria non sono da imputarsi alla selezione, ovvero a un intervento diretto sul retaggio, ma:

1. Alle coordinate evolutive (ontogenetiche) che traducono l'organizzazione innata in un profilo identitario attraverso referenze non umane.

2. In second'ordine, alla percezione di adeguatezza performativa che l'introiezione di elementi esterni determina operando un gap tra condizione umana e natura umana.

Non vi è dubbio che quando avvertiamo un senso di carenza nella spogliazione dell'uomo dai suoi media culturali - siano strumenti, riti, apparati sociali - entrino in gioco soprattutto questi due fattori che a-posteriori ci fanno sentire bisognosi dell'eteronomia culturale, ovvero dell'apporto che il media fornisce nell'espressione dei predicati. In altre parole, il senso di carenza è più riferibile a una condizione a-posteriori che un'effettiva mancanza o incompletezza della natura umana, poiché ci riconosciamo nel canone performativo umano, vale a dire ibridato, e non in quello filogenetico di *Homo sapiens*. Tanto l'ontogenesi eteroriferita - che nell'essere umano non è solo costruzione di un'identità individuale ma altresì realizzazione di una condizione umana (antropopoiesi) - quanto la percezione di carenza ci possono spiegare quel senso di inadeguatezza performativa che l'umanismo ha cercato di colmare col paradigma dell'incompletezza della natura umana

Rispetto al punto *1)*, possiamo dire che il dimensionamento culturale istruisce le coordinate evolutive ovvero gli spazi di sviluppo e quindi le mete ontogenetiche, esattamente come il complesso delle cure parentali.

Possiamo pertanto individuare nel partner culturale gli stessi operatori vigenti nella relazione materna:

a) Effetto base sicura, ovvero di facilitazione esperienziale svolta in modo elettivo su alcuni contesti piuttosto che altri.

b) Effetto zona di crescita prossimale, ovvero individuazione di uno spazio evolutivo da coprire lungo il tragitto di sviluppo.

c) Effetto referenziale, ossia produzione di modelli e di scacchi che influenzano la costruzione identitaria.

d) Effetto campo espressivo, vale a dire emergenza di precisi spazi di espressione per l'individuo che hanno una ricaduta sia sulla percezione del sé che sull'evoluzione identitaria.

L'ontogenesi come costruzione complessiva dell'identità dell'individuo e della sua percezione come entità biografica risente pertanto del *milieu* culturale in cui si trova a esprimersi, a partire dalle prime fasi neonatali. L'ontogenesi è a tutti gli effetti una costruzione e un riconoscimento del sé che si realizza secondo coordinate che nella cultura hanno uno dei fattori più importanti.

Ogni cultura pertanto non solo definisce dei modelli e dei canoni di appartenenza, ma stabilisce altresì degli indirizzi evolutivi e degli apparati di riconoscibilità del sé. Come non è possibile eradicare il soggetto dal dialogo con la madre, così non possiamo considerare la cultura come una sovrastruttura o come un insieme di usi e costumi che vestono il soggetto. La struttura identitaria dell'individuo è cresciuta all'interno di un particolare *milieu* culturale, nutrendosene si è conformata a esso: attraverso quel particolare dimensionamento il soggetto si riconosce. Cercare di separare l'identità individuale dal proprio *milieu* culturale è come cercare il cuore in una cipolla sbucciandola. Il vestito è diventato parte del corpo, è adagiato nell'identità come la pelle: svestendolo il soggetto non si riconosce, non riconosce cioè pienamente la sua identità.

È naturale che in una simile prospettiva la sola idea di privarsi di un apparato culturale fa sentire il soggetto nudo, ossia carente di sé. La percezione del sé infatti è riconducibile al dimensionamento culturale che - come dice la parola stessa - introietta il «culturalmorfema», cosicché il soggetto si ritrova solo all'interno di quella particolare morfologia. Parlare della cultura come sovrastruttura significa non aver capito come avviene il processo ontogenetico, vale a dire la costruzione dell'identità individuale attraverso l'introiezione e il rispecchiamento delle condizioni esperienziali.

Per quanto concerne il secondo punto, va detto che l'emergenza culturale crea di fatto nuove prestazioni, non previste dal canone di specie: guardare la conformazione di un virus al microscopio elettronico, andare sulla Luna attraverso una navicella spaziale, riprodurre lo svolgersi di un evento attraverso una videocamera, essere in contatto in tempo reale e contemporaneamente con centinaia di persone sparse in ogni angolo del mondo grazie al Web, inviare foto e documenti trasformandoli in pacchetti di informazione grazie all'informatica e alla telefonia. Ho voluto fare degli esempi eclatanti di prestazioni che l'essere umano non potrebbe mai raggiungere senza la presenza del partner culturale. D'altro canto, anche per la maggior parte delle realizzazioni post-neolitiche - come: irreggimentare un fiume, coltivare un campo, costruire un palazzo, realizzare del vasellame o delle armi, procurarsi della cacciagione - vale la stessa considerazione. Se ci privassimo della cultura ci troveremmo immediatamente defraudati di alcune prestazioni che, viceversa, consideriamo parti integranti del nostro essere umani e della nostra dimensione umana.

Dismettere un certo dimensionamento culturale significherebbe cadere in un regime performativo che giudicheremmo subumano e inumano proprio perché privo di quei caratteri performativi che oggi percepiamo come parti integranti o addirittura caratterizzanti la condizione umana stessa. L'emergenza culturale determina cioè uno slittamento sulla percezione performativa ed espressiva dell'umano, ovvero modifica il modo in cui l'uomo si riconosce, definendo nuovi parametri di appartenenza. Inoltre, non dobbiamo dimenticare che ogni espressione viene tarata e standardizzata su livelli di performatività socialmente definiti e giudicata sulla base di riscontri culturalmente mediati.

La mediazione culturale, in altre parole, crea canoni performativi che:

a) Stabiliscono gli standard di efficacia-efficienza nelle diverse prestazioni.

b) Definiscono la collezione di prestazioni di riconoscibilità sociale.

c) Rappresentano gli elementi giudicanti nella relazione sociale.

Sviluppiamo questi tre punti prendendo come esempio la tecnologia.

Punto *a)* I diversi apparati tecnici stabiliscono quale livello di efficacia-efficienza mi devo aspettare da una prestazione: per esempio, con l'invenzione e la diffusione della telefonia mobile riconosco come normale, e pertanto esigo, poter raggiungere ogni persona in qualunque momento e da qualunque posto. Se dimentico il cellulare o se per caso la persona da contattare non è raggiungibile, provo un immediato senso di inefficacia performativa; allo stesso modo, se per contattarla devo mandarle una lettera o utilizzare un apparecchio fisso, ho la sensazione di una inefficienza performativa. Il soggetto cioè si percepisce non solo in termini di catalogo delle prestazioni ma anche in livelli o gradienti performativi, che vengono altamente influenzati dal mediatore culturale. Il livello performativo indica il tipo di risultato e con quanto sforzo si può raggiungere un certo risultato; lo slittamento del gradiente performativo operato dall'emergenza culturale inevitabilmente ci fa sentire carenti quando immaginiamo di privarci del supporto tecnologico.

Punto *b)* I vari apparati culturali d'immersione dell'individuo definiscono la collezione di prestazioni di accettazione e riconoscibilità sociale: per esempio, se una persona non ha l'automobile o non usa mezzi tecnologici di trasporto, non potrà partecipare alle dinamiche sociali - dalle più ordinarie, come avere un lavoro, una vita sociale, persino una famiglia, alle più occasionali, come partecipare a conferenze, concerti, incontri tra amici. La persona che di colpo voglia fare a meno dell'automobile e di qualunque altro mezzo tecnologico, muovendosi a piedi, si troverebbe di fronte a problemi di efficacia (certe attività dovrà dismetterle) e di efficienza (le poche attività rimaste gli costeranno molta più fatica). In questo caso non solo l'individuo si troverebbe a perdere una collezione di prestazioni e dei gradienti di prestazione, ma altresì la possibilità di partecipare a pieno titolo al consesso sociale, trovandosi di fatto in una condizione di emarginazione o di deprivazione sociale.

Punto *c)* Gli apparati tecnologici non solo stabiliscono delle collezioni di prestazione, dei livelli di performatività e dei caratteri di accettazione sociale, ma divengono essi stessi gli organi giudicanti della performatività del soggetto: per esempio, oggi chi non sa usare il computer viene tagliato fuori dalla maggior parte delle attività lavorative e da molte attività sociali. In altre parole è il computer il media giudicante la capacità performativa dell'individuo.

La tecnologia definisce delle prove performative per il corpo e stabilisce di conseguenza dei parametri di congruità somatica, vale a dire quali caratteristiche del corpo costituiscono le varianti preferibili o di ottimalità per raggiungere meglio una certa prestazione tecno-mediata. In altre parole, per quanto l'ergonomia si sia sforzata di realizzare una tecnologia che si adattasse al corpo, riscontriamo più un effetto contrario: il corpo si è dovuto adattare alla tecnologia. Il canone performativo introdotto da una certa tecnologia definisce cioè dei parametri di scelta, premiando la conformazione più adeguata.

Il senso di carenza non può pertanto essere definito come una situazione a-priori o precedente l'emergenza culturale perché sotto il profilo performativo è essa stessa che produce la carenza, non ciò che la supplisce: solo a seguito dell'invenzione-diffusione del cellulare si è raggiunta una condizione performativa tale per cui il privarsene produrrebbe una sensazione di carenza. Per i fattori suesposti possiamo dire che la cultura non esonera una carenza bensì produce uno spazio di carenza[110]. L'errore sta perciò nel posizionare a-priori (l'esonero di una carenza originale) un fenomeno che è di fatto un a-posteriori (l'emergenza di un bisogno a causa del nuovo canone performativo). Possiamo pertanto affermare che la cultura non è una stampella chiamata a supplire incompletezze o imperfezioni della natura umana, bensì rappresenta un innamoramento, ovvero la costruzione di uno spazio espressivo ibrido che ci lega a un'alterità e che ci fa sentire mancanti allorquando ci pensiamo privati del nostro partner.

LA CONIUGAZIONE COME PROGETTO IDENTITARIO

È indubbio che l'essere umano si riconosca all'interno di un progetto identitario. Questo cammino presenta dei fattori che influenzano e correggono la rotta sulla base di operatori identitari, quali:

a) Il bisogno di rimarcare la propria caratterizzazione e di allargare la forbice tra il sé e le alterità, favorendo tutti gli elementi disgiuntivi.

b) La tendenza dei passi successivi a essere influenzati da quelli precedenti, ovvero l'effetto autoimplementativo e segregativo di rotta delle scelte compiute precedentemente e quindi l'effetto autocatalitico della cultura.

c) Il non equilibrio determinato dal decentramento che rende l'identità sempre più instabile nella coesione interna dei predicati, sempre più caotica nelle traiettorie e quindi suscettibile a effetti di singolarità, sempre più vulnerabile rispetto a intervenienze esterne e parimenti sempre più bisognosa di eteronomie.

d) L'emergenza di nuovi fini identitari riconducibili all'ibridazione, dove il partner culturale non ricopre più il ruolo di facilitatore o potenziatore di predicati inerenti, ma introduce nuove mete alla rotta identitaria dell'umano.

Analizziamo ora i singoli punti.

Punto *a*) Indubbiamente la definizione dell'uomo come entità carente, come *minus habens* rispetto al gigantismo performativo delle altre specie, è coerente e funzionale alla costruzione del mito eroico dell'essere umano che, pur partendo da una condizione svantaggiata e dovendo fare i conti con una controparte di gran lunga superiore a lui, ha saputo vincere la sfida contro ogni aspettativa. La carenza è cioè parte integrante della mitopoiesi antropocentrica. Inoltre, assegnare l'essere umano alla dimensione prometeica, differenziandolo da tutte le altre specie, relegate alla rigida declinazione epimeteica, vuol dire rafforzare-conclamare la disgiunzione identitaria. La carenza diventa pertanto il *limes* capace di separare il mondo barbarico degli eterospecifici dalla *cosmopolis* umana, l'operatore capace di rendere l'essere umano costruttore di mondi o funambolo su vertigini che ne stagliano grandezza e vulnerabilità, capace di arbitrare le pulsioni e di elevarsi ed emanciparsi dal tellurico.

Punto *b*) La cultura è autocatalitica perché apre la strada a nuove espressioni culturali. Si tratta di una catalisi che assume andamenti propri, al di fuori di una possibilità di controllo e di progettazione da parte dell'uomo. E quanto più procederemo nello sviluppo tecnologico, tanto più il volano di autocatalisi si emanciperà dal controllo dell'essere umano. Tale perdita di controllo - già avvertita prima del Novecento, ma poi conclamata in questo secolo - è sicuramente un fattore di magnificazione della percezione di carenza. Lo sviluppo continuo della cultura determina infatti un flusso che entra direttamente nel *telos* ontologico dell'essere umano. Sottrarsi è impossibile, pensare di poterci riuscire fa solo emergere un senso di manchevolezza e di nudità ontopoietica, perché sembra di sottrarsi al proprio destino ontologico. La cultura appare come una sorta di virus che utilizza l'uomo come ambiente replicativo informandone la rotta morfopoietica, dove l'incremento dei media ha l'effetto di incrementarne il carattere infettivo. Questa metafora, che peraltro ha trovato in molti autori una strutturazione teorica, può sembrare fantasiosa e tuttavia non vi è dubbio che il senso di carenza abbia a che fare anche con qualcosa che va oltre l'insufficienza performativa.

Punto *c*) Il senso di carenza può inoltre essere ascritto alla sensazione di non-equilibrio che il dimensionamento culturale produce attraverso la sua azione. Il decentramento infatti accresce l'eteronomia spostando il baricentro lontano dal retaggio filogenetico e soprattutto dal canone di specie. Questo significa che l'essere umano si avverte come un'entità magmatica, eradicata da una specifica gravitazione e plastica nel suo divenire. L'apparente mancanza di radici e la virtualità ontopoietica vengono interpretate come carenza, neutralità o deficit di un particolare posizionamento, indeclinazione. In altre parole, il senso di carenza va ascritto anche al decentramento che porta a ritenere l'essere umano svincolato e perciò mancante di un rango ben preciso. Il decentramento ci fa sentire magmatici e totipotenti, e la sensazione di virtualità che ne consegue viene interpretata come carenza e non come ridondanza.

Punto *d*) Indubbiamente l'emergenza tecnologica non ha solo un'azione potenziativa rispetto ai predicati filogenetici dell'essere umano, ma svolge altresì un'azione emergenziale di nuovi predicati. L'ibridatore teriomorfo o tecnologico nel processo teriopoietico inaugura dei predicati oltreumani basati sull'ibridazione con altre specie: la musica, la danza, la cosmesi, la moda sono tanti esempi di quel farsi animale, ovvero assumere predicati eterospecifici, che trasformano la dimensione ontogenetica in uno spazio transpecifico. In questo senso, se con la parola «uomo» riteniamo di riferirci a una precisa entità filogenetica, è evidente che il processo culturale determina l'emergenza di un'entità oltreumana, che non ha nulla a che vedere con l'*übermensch* nietzschiano né con la trascendenza del transumanesimo. D'altro canto è indubbio che, allorché si facciano propri predicati oltreumani, inevitabilmente si percepisca come insufficiente e carente la dimensione filogenetica. Il predicato oltreumano ha infatti l'effetto di marginalizzare, ossia di assegnare un dominio di validità, alla prospettica di specie, che pertanto viene confinata - quando va bene - all'interno di una precisa dimensione, definita parziale se non addirittura fallace.

Se l'antropopoiesi, quale costruzione della dimensione umana, è un processo che si compie sull'interfaccia dialogica con il non umano, attraverso l'introiezione di referenze eteronome che decentrano e parimenti inaugurano nuovi canoni performativi e slittamenti sulla percezione identitaria, è evidente che l'interesse sulle disposizioni ontogenetiche della nostra specie deve far riferimento proprio ai predicati dialogici. Ritengo che l'aspetto più importante riguardi il forte bisogno dell'essere umano di ricevere cure parentali e la magnificazione conseguente della dimensione parentale e dell'apprendimento sociale.

Vediamone alcune:

a) La tendenza a imparare da referenti esterni e a imitare i comportamenti osservati.

b) La tendenza ad affidarsi a referenti esterni e quindi a lasciarsi condurre in territori incogniti.

c) La capacità simpatetica o di immedesimarsi nell'altro attraverso la proiezione.

d) La capacità empatica o di comprensione degli stati altrui e dei relativi bisogni, anche se differenti dai propri.

e) La propensione sociale, ovvero la capacità di costruire situazioni collaborative e competitive con referenti esterni.

f) L'estrema plasticità della struttura sociale.

Ibridarsi con referenti esterni significa inaugurare «dimensioni ontopoietiche», vale a dire ambiti di sviluppo delle coordinate ontogenetiche, che fanno sì che l'ontogenesi - quale costruzione dell'identità individuale - sfugga dalla staticità del canone di specie e divenga a sua volta un'entità evolutiva. L'ontopoiesi è pertanto una sorta di meta-ontogenesi, una metamorfosi delle coordinate ontogenetiche resa possibile inserendo all'interno dell'apprendimento sociale dei germi evolutivi, capaci cioè di rendere tale dimensionalità non più uno spazio definito e stabile - il canone di specie - ma un universo in evoluzione, quindi instabile e metamorfico. L'ontopoiesi è perciò la continua formazione di possibili coordinate ontogenetiche capaci di scardinare il canone di specie e il legame che connette l'individuo al suo etogramma. Nello stesso tempo la trasformazione dello spazio ontogenetico da una realtà ben perimetrata e ben connessa o addirittura periferica rispetto al retaggio filogenetico a uno spazio sterminato, vale a dire privo di qualunque delimitazione, e soprattutto non più riconducibile o desumibile dal retaggio filogenetico, da una parte diminuisce la gravitazionespecie-specifica, dall'altra inevitabilmente crea il bisogno di nuovi spazi identitari.

È come se in questa emergenza ontopoietica l'essere umano prendesse il volo su nuove dimensioni esistenziali, pur mantenendo il filo che lo lega al proprio retaggio filogenetico. La divergenza rispetto a un canone di specie condiviso crea il bisogno di ancorarsi a una nuova identità, quella culturale. In altre parole, l'eteronomia diventa il fulcro intorno a cui viene a ruotare l'espressione identitaria, trasformando il profilo umano da un'ontologia gravitata sulla specie a un'ontologia incentrata sulla relazione con il non umano. Se così stanno le cose però, è evidente come sia importante non confondere l'antropocentrismo con la valorizzazione dell'essere umano. Se comprendiamo che la nostra umanità poggia su due piani di contiguità con l'alterità animale - il primo di vicinanza filogenetica e riconducibile alla natura umana, il secondo di vicinanza ontogenetica e riconducibile al processo di ibridazione o culturale - è evidente come l'antropocentrismo, con le sue pretesa disgiuntive, metta un'ipoteca enorme proprio sull'antropopoiesi.

Al contrario di come saremmo portati a pensare, lo specismo umanista non favorisce, anzi si oppone al processo antropopoietico perché:

1. Negando e non valorizzando la natura umana mortifica quegli elementi coniugativi che favoriscono i processi ibridativo-culturali.

2. Puntando sull'autarchia, sull'autopiesi, sulla disgiunzione, sull'emancipazione, ovvero sulla separazione netta tra essere umano ed eterospecifico, di fatto contrasta quei processi dialogico-ibridativi che stanno alla base dell'emergenza culturale.

6. POSTHUMAN E CRITICA ALLO SPECISMO

Per concludere questo saggio, dedicato in modo specifico alla messa in luce delle radici speciste dell'umanismo e alla critica delle stesse, è indispensabile dedicare uno spazio alla proposta postumanista e ai legami di questa con la critica allo specismo. So bene che all'interno della galassia postumanista esistono molte impostazioni e non tutte coerentemente antispeciste. Dal mio punto di vista occorre differenziare il postumanismo - inteso come superamento dell'approccio umanistico - dai progetti postumani, che si differenziano notevolmente tra loro, e dalle proposte transumaniste, che talvolta sono viziate di iperumanismo e che quindi più che un superamento del manifesto pichiano rappresentano un'enfatizzazione dello stesso. Nel caleidoscopio dei progetti postumani ritroviamo quasi puntualmente gli stessi obiettivi umanistici di disgiunzione ed emancipazione: a cambiare è solo il mezzo che consentirebbe tali funambolie e l'insistenza su una trascendenza nell'immanenza, quale potrebbe essere la trasformazione della mente in un pacchetto di informazione o l'ipotesi dell'immortalità raggiungibile attraverso clonazione e *mind-uploading*[111].

L'argomento principe della discussione postumanista su cui sto lavorando da oltre quindici anni riguarda senza dubbio il termine «alterità non umana»; potremmo persino dire che in esso tale filosofia cerca una propria coordinata di riferimento e lo fa allargando il profilo del concetto più generale di alterità. La parola «alterità», gravitante intorno al significato di prossimo relazionale (individuo o altra cultura), è riconosciuta nel doppio valore denotativo di:

1. Entità altra, ossia separata, differente, capace di sorprendere, attrattore decentrativo, termine di confronto.

2. Referente, ovvero capace di azione referenziale, vale a dire polarità dialogica in grado di fornire un contributo-orientamento nell'espressione e nella costruzione identitaria.

Qui si nasconde il doppio contributo identitario dell'alterità:

a) In quanto entità altra, essa consente la riflessione, vale a dire un'auto-ricognizione in grado di definire il profilo identitario.

b) In quanto portatrice di referenze, vale a dire di contributi esterni di orientamento e sostegno allo sviluppo, essa consente un percorso evolutivo all'identità.

L'alterità pertanto è al tempo stesso esterna e interna all'identità, quindi è parimenti dialettica e integrata: questo è sicuramente il punto di svolta tra un approccio umanistico all'identità umana, epurativo delle alterità non umane, e un approccio postumanistico, integrativo delle stesse.

L'alterità è perciò un «altro-*con*-sé», qualcuno che pur essendo esterno è al contempo interno, è cioè «qualcuno che mi riguarda».

Ma facciamo un passo indietro: per capire la visione postumanistica di inclusione del non umano nella dimensione umana, un passaggio quanto meno critico, è necessario prima di tutto soffermarsi sulla dialettica identità-alterità all'interno della dimensione umana, per esempio nella costruzione dell'identità individuale e culturale. Mentre fino alla prima metà del Novecento costruire la propria identità significava divergere, prendere le distanze, purificarsi dall'altro, in seguito e soprattutto a partire dagli anni Settanta è cominciata a emergere una visione inclusiva delle alterità nella formazione identitaria. Gli altri, cioè, non erano più visti come contaminanti da epurare ma come portatori di referenze da acquisire. La riflessione sul significato integrativo delle alterità, in psicologia come in antropologia, ha dato luogo a degli slittamenti cospicui sul concetto di identità, abbandonando le impostazioni isolazioniste, solipsistiche, puristiche e in generale ogni appello alla cosiddetta «identità forte».

Cosa s'intende comunemente con il termine «identità forte»? Ci si riferisce a un concetto di identità che vale nella misura in cui questa è facilmente enucleabile dallo sfondo, cioè non ha contiguità con le alterità né contaminazioni. È un'identità che spicca nel suo essere speciale, unica, pura, un'identità che si compie attraverso un processo «divergente-espungente» rispetto alle alterità. In questo senso è definita forte, vale a dire nel suo essere conclamata, non perché il processo in sé o il modello interpretativo la renda tale. Anzi, il modello divergente-espungente indebolisce l'identità, poiché le toglie il *pabulum* di crescita inibendo il commercio con le alterità.

Il modello che prende forma nella seconda metà del Novecento può essere definito «dialettico-integrativo», poiché ritiene le alterità l'altro polo di un processo dialogico di organizzazione dell'identità attraverso apporti referenziali esterni: un po' come un albero organizza la propria identità di essenza sulla base delle caratteristiche dell'ambiente in cui cresce. Le alterità, in altre parole, non sono considerate dei polluenti ma dei centri di sviluppo e dei campi di espressione per l'identità; in tal senso l'identità si sviluppa attraverso l'integrazione dell'altro e non attraverso la sua esclusione.

C'è chi considera questo modello una sorta di concetto «debole» di identità, ma personalmente non sono affatto d'accordo: è forte quell'identità che è in grado di integrare le alterità e che ha strumenti di integrazione e non quella che si difende costruendo muri e pretendendo di salvaguardare una chimerica purezza originale. Tale purezza è un'illusione ed è una fortuna che sia così, poiché se fin dall'origine l'identità non fosse stata una casa ospitale, si sarebbe isterilita.

C'è poi chi ritiene che interpretare l'identità attraverso un modello dialettico-integrativo delle alterità significhi sancire la fine dell'identità o perlomeno tracciare il primo passo in tale direzione, ma anche in questo caso sono in disaccordo con chi fa queste affermazioni. Parlare di un processo dialettico e integrativo significa ritenere l'evoluzione-espressione dell'identità come un processo ospitale (ospitare l'alterità, farsi ospitare dall'alterità) e ciò implica una soglia, vale a dire un punto di interfaccia tra la casa e il mondo.

È ammettendo una soglia che si difende la casa, non viceversa.

LO SPECISMO NASCOSTO NELL'IDENTITÀ FORTE

Il modello divergente-espungente non solo traccia un'idea ben precisa di identità ma altresì dà delle coordinate interpretative delle alterità che subiscono un processo di svalutazione in quanto:

a) Considerate inquinanti o annacquanti l'identità.

b) Valutate non rilevanti nella formazione identitaria e quindi neglette.

c) Schiacciate nella loro pluralità.

Esiste una correlazione stretta tra il modello divergente-espungente e il paradigma umanistico: questo è il punto. Nell'approccio umanistico la realizzazione dell'identità umana è interpretata come un processo di purificazione e di separazione; è vista come l'atto di rimuoversi delle pellicole estranee, quasi che l'identità si celi nel profondo, laddove eventuali contaminanti non possono depositarsi o intaccare l'integrità; assomiglia allo sbucciare un frutto, al ripulire una superficie, alla ricerca di un recesso vergine. L'identità è tanto più fattiva e riconoscibile quanto più è intonsa: l'umanismo si basa su una vera e propria autarchia della dimensione umana. Allora inevitabilmente le alterità non sono referenti, ossia possibili portatori di referenze, bensì inquinanti da cui separarsi, nel senso di evitare qualunque contiguità e qualunque commercio, da cui ripulirsi, vale a dire togliere ogni contaminazione e ritrovare la purezza, da cui divergere, nel senso di enfatizzare le differenze e le discontinuità. Sotto questo profilo l'identità umanistica è altresì un processo di emergenza: l'identità deve spiccare, essere saliente, staccarsi da tutto il resto, tracciare un solco incolmabile rispetto alle alterità. Questa emergenza è un atto emancipativo, vale a dire che l'identità umanistica si realizza liberandosi dai legacci che la tenevano unita al contesto e confusa in esso; è un atto esplosivo, nel senso di processo dirompente ed eiaculativo dotato di irreversibilità che lascia indietro un passato crepuscolare e ambiguo; è un atto di discrezione, ossia un vero e proprio salto quantico portatore di differenze che non si misurano più in termini quantitativi.

Per fare questo, l'identità umanistica inaugura una dialettica identità-alterità basata sulla dicotomia tra i due termini e schiacciando così la pluralità delle alterità in un'idea universale dell'alterità. Infatti, se l'identità dev'essere emergenza, necessariamente la diversità non è più letta come pluralità tra gli enti bensì come termine di salienza dell'identità, che per essere tale deve possedere il carattere di specialità. L'umanismo crea pertanto un orizzonte non umano caratterizzato da universalità, vale a dire non plurale ovvero non portatore di singolarità, in opposizione alla specialità dell'uomo: paradossalmente, lui solo intrinsecamente plurale.

Il punto sta proprio qui: nella rivoluzione delle alterità che ha caratterizzato gli ultimi cinquant'anni, una rivoluzione che ha aperto la strada al pluriverso. Nel Novecento assistiamo a un lento disgregarsi dell'idea di universalità e a una progressiva trasformazione dei quadri di riferimento con affermazione della pluralità, nei due sensi:

1. Riconoscimento di un vero e proprio statuto assegnato alla diversità, dove essa non è più considerata una devianza o un rumore ma il principio stesso dell'essere;

2. Ammissione di un policentrismo ontologico, dove qualunque tentativo di assegnare un centro gravitazionale e una misura di approssimazione viene a decadere.

Qui, a mio avviso, si nasconde la vera crisi del pensiero umanistico: le alterità hanno iniziato a mostrarci la loro pluralità, a diventare cioè indisciplinate rispetto ai tentativi di schiacciarle in un'unica categoria oppositiva all'uomo. Non è una caduta in toto del concetto di identità, come taluni vorrebbero affermare, bensì di quell'idea di identità che si nutriva di divergenza, di purezza e di emergenza e che per far questo doveva necessariamente ricorrere alla dicotomia umano *vs.* non umano. Potremmo pensare che tale dicotomia sia il bastione su cui si regge la difesa dei diritti umani, in realtà essa è solo l'archetipo su cui si basa ogni forma di discriminazione anche all'interno dell'umanità.

La dicotomia umano *vs.* non umano implica alcune conseguenze che, non a caso, si sono rivelate assai pericolose nel corso del ventesimo secolo, vale a dire:

1. Che vi sia un prototipo di purezza che rappresenta più di ogni altro l'identità umana.

2. Che ogni deviazione rispetto al prototipo sia indice di umanità parziale o incompiuta.

3. Che l'umano si dia nella divergenza dalle alterità e nell'autoreferenza.

È evidente la pericolosa china solipsistica di tali affermazioni e parallelamente l'emergenza di un principio di emarginazione che può essere applicato ad arte nei confronti non solo delle alterità non umane ma anche delle alterità umane, vale a dire del diverso in qualunque forma esso si appalesi. La diversità non ha cioè un suo campo di pluralità, non viene valutata nel suo svolgere qualità differenti in modo plurale, bensì nell'essere giudicata in modo uniforme rispetto a un'unica caratteristica: la divergenza dal prototipo. Come il barbaro non è una costellazione di popoli e di culture ma semplicemente colui che non parla la lingua greca, così il disabile non è una galassia di modalità esistenziali ma semplicemente colui che manca delle qualità del prototipo che è, per definizione, abile. L'identità umanistica infatti aveva la pretesa di assurgere al ruolo di misura delle alterità, misura nel senso di assegnare un livello di inferiorità delle alterità a seconda del grado di approssimazione al prototipo.

Ma cosa significa perdere la pretesa di un centro gravitazionale ovvero di una misura di approssimazione? Prima l'essere altro, cioè diverso rispetto al prototipo, significava essere mancante, deviante, difforme, vale a dire implicava un giudizio d'inferiorità, giacché l'identità era usata come modello di riferimento e metro di giudizio: l'alterità etnica, per esempio, veniva raffigurata come povera, primitiva, primigenia o addirittura mancante di cultura e non semplicemente portatrice di una cultura altra. L'ammissione di uno statuto alla diversità cambia il modo di leggere sia l'identità che l'alterità, dà luogo a quella immagine pluriversale che sta alla base anche del postumanismo.

Finché questo ragionamento è applicato all'interno della dimensione umana non muove imbarazzi o critiche, ma quando si oltrepassa il Rubicone della specie *Homo sapiens* ecco che ciò che sembrava ovvio di colpo non lo è più. I propugnatori del modello dialettico-integrativo si limitano ad applicarlo all'interno della dimensione umana, per esempio in antropologia si parla di dialogo e integrazione tra le culture. Così facendo credono di poter utilizzare il proprio modello tracciando questo fantomatico Rubicone e ingenuamente pensano di rimanere in tal modo all'interno del paradigma umanistico, in coerenza con i suoi dettati. Di fatto non è così: il modello mette in dubbio il concetto di identità divergente ed espungente, ne mostra l'infondatezza, e questo principio non può essere contenuto all'interno di una linea di confine, non c'è Rubicone che tenga. Se comprendo il portato referenziale delle alterità, cioè il fatto che le alterità si incistano nell'identità attraverso le diverse coordinate referenziali, non solo leggo diversamente l'identità e le alterità all'interno della dimensione umana, ma assegno alla stessa identità umana un significato dialettico-integrativo. A mio avviso, sono stati proprio gli ultimi strenui difensori del castello umanistico che, attraverso i loro epicicli, ne hanno sancito la fine.

Mi rendo conto quanto sia difficile per l'uomo accettare di divenire una delle tante stelle presenti nella galassia ontica, non essere più il centro, rinunciare alla prospettiva tranquillizzante di un universo palcoscenico nei confronti del quale si può essere misura e, di conseguenza, coestensione. E può sembrare persino un paradosso farlo oggi che l'uomo ha raggiunto delle potenzialità operative sul mondo impensabili ai tempi di Giovanni Pico della Mirandola. E tuttavia è stato proprio il trionfo dei traguardi umanistici a sancire il tramonto di questo paradigma, a mostrarne i limiti, perché inconsapevolmente la spinta umanistica ha accelerato i processi di ibridazione dell'uomo, rendendolo sempre più consapevole del significato delle alterità e del debito contratto con le alterità nella realizzazione dei predicati umani. La tecnoscienza, ma più in generale ogni forma di conoscenza, apre il sistema uomo al contributo referenziale delle alterità.

Infatti, se accettiamo che la conoscenza non sia semplicemente un'acquisizione ma una messa in discussione delle idee antropocentrate sul mondo, ecco allora che possiamo considerare le alterità non più come oggetti di conoscenza ma come partner di conoscenza. L'esito di questa prospettiva sconvolge l'impianto umanistico: il sapere non aumenta l'emergenza dell'uomo bensì accresce la contaminazione dell'uomo con il mondo. In una visione postumanistica il sapere è coniugazione con le alterità, integrazione di altre prospettive, allontanamento dalla prospettiva antropocentrica. In altre parole, il sapere opera una sorta di antropodecentrismo.

Questo determina due conseguenze rilevanti:

1. Il non umano assume il ruolo di alterità, ossia viene riconosciuto come partner dialogico e quindi referente, vale a dire in grado di intervenire, attraverso un portato referenziale, sui predicati umani.

2. L'umano assume il profilo di dimensione integrativa, ovvero frutto di processi ibridativi e sempre più aperta alle ibridazioni, e perde il significato di emanazione dell'uomo.

Torno perciò alle considerazioni di partenza. L'antropodecentrismo può sembrare una caduta dell'uomo, una specie di abdicazione, ma secondo la prospettiva postumanistica è semplicemente la presa d'atto di come si sviluppano i predicati umani. Riconoscere il valore delle alterità nella formazione della dimensione umana significa favorire i processi di antropopoiesi, non deprimerli. Di fatto oggi è chi neglige l'importanza delle alterità, chi spinge l'acceleratore sulla solipsia di specie, chi esalta l'antropocentrismo, a mettere una seria ipoteca sul futuro dell'uomo. Ma, come ho detto, anche se i colpi di coda dell'antropocentrismo sembrano informare la contemporaneità - un esempio per tutti è la grave crisi ecologica in atto - tuttavia non si può arrestare il processo di emergenza delle alterità e la consapevolezza del significato referenziale delle alterità. Ciò che molti ancora non colgono è la convergenza e la sinergia degli eventi emergenziali di alterità in atto; le alterità sono infatti un sottobosco, disomogeneo e non sempre alla portata di uno sguardo omnicomprensivo. Chi si occupa di informatica si sta rendendo conto che tali tecnologie danno luogo a nuove cognizioni sul mondo, uscendo dai tradizionali tracciati della macchina controllata dall'uomo.

Gli etologi acquisiscono un oceano di informazioni sulle prospettive sensoriali e cognitive delle altre specie animali con velocità crescente. La Rete dà vita a una realtà meta-mediatica con emergenza di fenomeni di pluralità cognitiva che vanno oltre i concetti tradizionali del sapere individuato e individuale, pertanto non paragonabili alle precedenti rivoluzioni trasmissive dell'informazione, per esempio quella gutenberghiana della stampa. Non vi è dubbio perciò che il fiume, sempre più in piena, delle alterità sia stato ingrossato da diversi rivoli e nell'immediato futuro dobbiamo aspettarci un'esondazione dirompente. Di certo, già oggi siamo subissati di alterità, esito della globalizzazione, dei nuovi approcci in antropologia, delle tecnologie intelligenti, delle conoscenze etologiche sulle menti animali, delle acquisizioni in psicologia umana, della diversa interpretazione nosologica - si pensi alla medicina darwiniana - e del modo di concepire la stessa diversità fisica - si pensi al termine «diversamente abile» che è tutt'altro che un eufemismo. Nello stesso tempo però sono il significato, la rilevanza, il dettato di congruità delle alterità a cambiare profondamente: sempre più ci rendiamo conto di quanto abbiamo bisogno di questo *pabulum* di diversità.

POSTUMANISMO: ANDARE OLTRE LÉVINAS

Il postumanismo, uscendo dal tradizionale utilizzo del termine alterità solo all'interno dell'ambito umano (alterità unicamente come prossimo umano, sia esso un individuo o un gruppo etnico), introduce nella struttura identitaria della dimensione umana una controparte «altra» (non umana) e parimenti referenziale: parliamo per l'appunto di «alterità non umana». Abbiamo detto che il pensiero postumanista mette in discussione:

a) L'esclusività ontologica dell'uomo.

b) La pretesa di assumere le caratteristiche dell'uomo come termine di confronto o di misura per le entità non umane.

c) L'idea che l'uomo sussuma le caratteristiche del mondo.

d) La visione autarchica del processo antropopoietico.

Questi punti forniscono il senso profondo di una metamorfosi che va a collidere con i principi stessi dell'umanismo. Con il punto *a)* si sostiene l'esistenza di soggettività non umane, rompendo la comoda dicotomia tra uomo-soggetto e mondo-oggetto che sta alla base del protagonismo (l'uomo attore nel mondo palcoscenico) che l'umanismo assegna all'uomo.

Con il punto *b)* si ammette una pluralità ontologica (vale a dire che non solo esiste una soggettività in enti non umani ma che tale soggettività è diversa da quella umana) nei cui confronti l'uomo non può più pretendere di essere la misura o il centro gravitazionale.

Con il punto *c)* si assegna all'uomo, come entità filogeneticamente profilata anche in termini epistemici, un dominio di validità, negando il fatto che l'uomo possa contenere le entità non umane.

Il punto *d)* è senza dubbio quello più importante nel testimoniare la trasformazione in atto. Mentre nella visione umanistica l'uomo si realizza in autosufficienza (l'umano si è fatto da sé), in un'immagine eroica e demiurgica dell'uomo, dove questi ha saldamente in mano i fili del proprio destino, nella visione postumanistica il non umano ha un'azione co-costitutiva dell'umano.

Il postumanismo è pertanto un pensiero che gronda di alterità giacché ammette una alterità non umana, e parimenti considera le alterità non umane cofattoriali nella realizzazione della dimensione umana. Nella visione postumanista, si considera la dimensione umana come una struttura identitaria che si costruisce e si percepisce attraverso la relazione con le alterità non umane, cosicché queste ultime vanno considerate a tutti gli effetti delle entità referenziali. L'alterità è un referente in grado di mettersi in relazione e di prendere parte al processo identitario, nella doppia scansione di formazione e percezione dell'identità, attraverso l'apporto referenziale, ossia un vero e proprio contributo evolutivo. Nella visione postumanista l'umano non è più pertanto l'emanazione o l'espressione dell'uomo bensì il risultato dell'ibridazione dell'uomo con le alterità non umane; ciò significa che l'umano esorbita le caratteristiche dell'uomo o, in altri termini, che non è possibile spiegare la dimensione umana nei suoi predicati facendo una ricognizione semplicemente sull'uomo, vale a dire pretendendo di estrarre le qualità dell'umano dai caratteri dell'uomo.

Mentre l'umanismo opera una relazione di corrispondenza (ovviamente non di uguaglianza) tra i due termini - dall'uomo all'umano, senza interferenze esterne - ed è esplicito l'intento emancipativo, vale a dire liberare dai rimandi al divino e realizzare una visione fattivamente antropocentrica, ossia non più inquinata di teocentrismo, con il risultato di assegnare all'uomo piena potestà sulla dimensione umana, il postumanismo rifiuta proprio questa corrispondenza, che si fonda sulla pretesa di autosufficienza ontologica. Questo è il punto di passaggio e questo è il motivo per cui, per certi versi, il postumanismo ricorda alcune impostazioni preumanistiche.

L'umanismo rigetta l'intervento di qual si voglia alterità non umana nella costruzione della dimensione umana, arrivando a estromettere la divinità dal processo antropopoietico e parimenti negando altre forme di alterità terrene che non siano strettamente umane. Si viene a creare così una correlazione stretta, implicativa, tra i caratteri dell'uomo e i predicati umani, dove all'uomo spettano l'alfa e l'omega della sua traiettoria antropopoietica. Parlare di corrispondenza significa ritenere che i predicati umani siano implicati dalle caratteristiche dell'uomo, vuoi considerando l'antropopoiesi un divenire di graduale e conseguente esplicazione della pienezza dei tratti filogenetici, vuoi ritenendola un divenire esonerativo necessitato dal togliere all'uomo gli oneri legati a una sua presunta mancanza biologica. In questo senso l'umanismo è basato su un'esaltazione dell'uomo e per contro su una totale svalutazione degli animali, giacché questi rappresentano la cifra di confronto. In ogni enunciazione umanistica possiamo ritrovare in modo ossessivo il paragone con l'animalità, riassumibile nella frase: «Mentre gli animali sono-fanno così, l'uomo è-fa cosà». Ovviamente il termine «animali» è vuoto di significato, poiché non esiste carattere che sia condiviso da tutti gli animali, ma nemmeno dalla maggioranza degli stessi, in opposizione all'uomo; questa categoria è perciò un'invenzione, l'indicatore più sensibile del pensiero antropocentrato, però è divenuta uno dei fondamenti del pensiero umanistico[112].

Se epuriamo il termine «animali», che come si è detto non ha fondamento, dalle dissertazioni umanistiche, da Giovanni Pico della Mirandola a Martin Heidegger, è l'intero castello teoretico a cadere. Non è un'esagerazione bensì un buon esercizio di decostruzione. È interessante e sconcertante al tempo stesso osservare come la categoria «animale» non corrisponda minimamente al pluriverso a cui pretende di far riferimento. La visione dell'alterità è semplicemente proiettiva e minimamente improntata sulla reale conoscenza e sull'accettazione di un proprio statuto. Così non importa se tali dissertazioni prescindano da una conoscenza fattiva degli animali, giacché si alimentano da quella cornice dicotomica preconfezionata per far emergere l'uomo attraverso un ragionamento tautologico. Chi resta nel paradigma umanistico evita persino l'*epoché* rispetto al fondamento della categoria e può così continuare a operare all'interno della cornice. Attraverso la decostruzione della dicotomia umano *vs.* non umano emerge fatalmente una diversa interpretazione della dimensione umana. Se la conoscenza è referenziata, cioè fondata su un «credito referenziale» offerto dalle alterità, l'umano diviene un progetto, non un principio.

Qual è il nodo cruciale del ragionamento umanistico? È il ritenere l'uomo come un principio dato, che si libera (emerge) spogliandosi dalle contiguità e dalle referenze del non umano, dove le alterità rappresentano il passato e il riferirsi a esse significa regredire. La visione categoriale delle alterità non umane e il modello divergente inevitabilmente producono un'immagine statica dell'umano. L'umano cioè è dato, va semplicemente liberato dai legacci e dalle impurità, va celebrato nella sua divergenza e riconosciuto come essenza: non importa se questa si realizzi per calco positivo, come nella visione sociobiologica, o negativo, come propende l'antropologia filosofica[113]. Per questo qualunque intervento sull'uomo viene visto come pericoloso, oltraggioso, arrogante e parimenti si ritiene che ogni interfaccia con il non umano, per esempio il macchinico, non intacchi tale essenza. Questo è, a mio avviso, l'errore più grave della cornice umanistica. Le alterità non sono il nostro passato bensì i referenti con cui andiamo a costruire il nostro futuro.

La visione antropodecentrata inaugurata dal postumanismo è pertanto una riscoperta del valore delle alterità non umane, del significato dialogico e referenziale di tali interfacce, dei processi di ibridazione che stanno alla base dell'antropopoiesi, dei contenuti che le alterità non umane hanno dato per la realizzazione della dimensione umana e pertanto della transitorietà di tale dimensione, che non va vista come un'essenza intangibile ma come un cantiere aperto, vitale in quanto ospitale, evolutivo in quanto in non equilibrio. Non è facile comprendere la lettura referenziale - ovvero dialogica ed epifanica - dell'alterità animale se si rimane ancorati all'immagine macchinica e performativa dell'eterospecifico quale ci viene dall'impostazione umanistica. Il rischio è di interpretare la referenzialità in termini di utilizzo dell'altro e non di incontro con l'altro.

In altre parole, considerare l'eterospecifico come alterità significa non definirlo altro-da-sé, estraneo ovvero separato e controparte nell'emergenza ontologica del soggetto, ma come prossimo co-costitutivo, in una lettura che ricorda il concetto di «*autrui*» di Emmanuel Lévinas[114]. La differenza sta nel superare la concezione umanistica presente nel filosofo francese, che vede solo nel prossimo umano un'alterità. Indubbiamente questo pensiero è già presente in nuce in Jacques Derrida e, come vedremo, trova interessanti corrispondenze nel pensiero antispecista contemporaneo.

SOGLIE DI CAMBIAMENTO NELLA CRITICA ALLO SPECISMO

Nell'ultimo decennio il panorama della proposta antispecista è profondamente mutato anche in relazione a una metamorfosi profonda dei concetti identitari e a una rivisitazione delle interfacce tra umano e non umano - si faccia riferimento alle analisi di Donna Haraway, Matthew Calarco, Ralph Acampora. Se l'impostazione animalista tradizionale, pensiamo all'utilitarismo di Peter Singer e al giusnaturalismo di Tom Regan, puntava soprattutto sull'individuo come portatore di predicati su cui fondare le coordinate di riflessione etica, nelle nuove proposte il fuoco sembra più spostato sul campo di accoglienza e sulle relazioni, dove a essere messa in discussione è proprio la pretesa isolazionista dell'ontologia di stampo essenzialista e di conseguenza ogni fondazione su predicati inerenti. La lettura umanistica incentrata su una visione autoreferenziale dell'individuo pare incrinarsi e con essa l'idea di identità forte, vale a dire autonoma ed esplicabile per ricognizione interna. In tal senso sono i meccanismi identitari in senso generale a subire una pesante torsione di significato dove ogni emergenza di predicato viene letta come risultato dialogico, non riconducibile a un'azione unilaterale dell'ente. Viene a mancare cioè quell'immagine eroica dell'individuo che esprime le proprie qualità o per emanazione di predicati interni o per appropriazione di predicati altrui, dacché il predicato è nell'incontro non nell'ente, come dire «*dialogo ergo sum*»[115].

Non parliamo di una distruzione dell'identità ma di uno slittamento cospicuo nell'interpretazione sia dell'origine che del progetto identitario, dove a essere messa in discussione è la coordinata centripetativa. Secondo tale prospettiva l'identità è sempre il frutto di un processo di accoglienza reciproca, vale a dire dell'incontro ospitale di due soggettività, e il risultato del suo agire è la realizzazione di un campo dialogico, non un collasso su se stessa.

L'approccio delle nuove proposte antispeciste indica nuovi diritti delle relazioni, delle connessioni, delle liminalità, sottolineando il significato di vulnerabilità e carenza dell'ente come fondamento del diritto, e individua nella relazione il focus del rispetto attraverso il meccanismo del consentire e dell'empatia piuttosto che in una fredda nomenclatura deontologica. Anche il termine «antropocentrismo» assume così un nuovo orizzonte di significati, non più solo quelli di elezione dell'uomo come unico portatore di diritti, ma come focale centripetativa e disgiuntiva che si erge in senso ontologico ed epistemologico come realtà fagocitativa di mondo.

Nel nuovo prospetto in discussione anche l'identità umana risente di quei meccanismi interpretativi che sono viziati dalla pretesa essenzialistica di autonomia e purezza, discrezione e antinomia e che nell'età moderna hanno mostrato gravi limiti. Ogni identità è dialogica, frutto e proiezione di un campo relazionale, nessun ente è discreto, ogni predicazione parla di un atto ospitale[116] per cui se è vero per l'identità individuale e culturale lo è tanto più per l'identità umana. Questa critica radicale all'antropocentrismo, che quindi esorbita i tradizionali steccati mantenuti dall'animalismo tradizionale, sfocia in una messa in discussione di tutta l'impostazione umanistica, ovviamente non per un ritorno a letture preumanistiche ma per un superamento dei limiti riferibili all'idea di uomo come centro.

La filosofia postumanista rappresenta una critica radicale del modo di leggere i predicati umani e il rapporto tra umano e non umano, dando luogo a una cesura netta rispetto al paradigma umanista che ha caratterizzato l'età moderna. Centrali nella proposta postumanista sono i concetti di «pluralismo ontologico», di «relazione dialogica tra l'umano e il non umano», di «ibridazione fondativa dei caratteri identitari», di «rifiuto di ogni forma di antropocentrismo».

Per quanto concerne la proposta antispecista è chiaro che il postumanismo non può ammettere alcuna discriminazione del non umano ma tanto meno considerare l'accesso al diritto esclusivamente in senso emancipativo; questo per due ragioni essenziali:

1. Perché nega qualunque carattere universale in termini di predicati del diritto.

2. Perché vede nella relazione e nell'atto del consentire-empatico la vera espressione dell'azione morale.

Se leggiamo la proposta postumanista con i riferimenti e le cornici umaniste è facile interpretarne in modo forviante il dettato rimanendo ancorati all'idea di umano-soggetto che utilizza il non umano-oggetto per realizzare i propri fini emancipativi e disgiuntivi, cosicché l'accoglienza viene letta come appropriazione.

L'etica antispecista proposta dalla filosofia postumanista si basa sul concetto di relazione, che tuttavia non va letta attraverso le coordinate tradizionali del rapporto - che può dar luogo a utilizzi o proiezioni - né attraverso quelle dell'interazione, che presuppone la discrezione tra i due enti. Per la filosofia postumanista la relazione è dialettica inclusiva, reciproca contaminazione, cosicché l'azione etica si misura nella capacità di salvaguardare il campo di reciprocazione e transazione tra i due enti. Parliamo pertanto di un'*etica dell'empatia* che per il rispetto dell'altro prevede l'accoglienza ossia, nel caso dei rapporti con l'eterospecifico, la capacità di farsi animale e di incontrarlo lungo la sua prospettiva abbandonando l'angolo visuale antropocentrato. Per questo l'approccio postumanista si fonda sul concetto di decentramento dalla prospettiva antropocentrata al fine di realizzare i diversi prospetti ontologici, epistemologici ed etici.

Antropodecentrarsi non significa annettere l'altro per raggiungere fini impliciti, ossia per realizzare «le magnifiche sorti e progressive dell'umanità»: questa è una lettura umanista del processo di decentramento. Ammettere fini impliciti, che siano espressi nel concetto di dominio sul mondo o di emergenza rispetto al mondo, implica una ricaduta nella visione essenzialistica e nel giustificazionismo specista. Ma la filosofia postumanista parte proprio dalla messa in mora di alcune direttrici della filosofia occidentale e in particolare platonica, aristotelica e stoica.

Antropodecentrarsi non ha una finalità ricorsiva centripeta, ovvero un ulteriore rafforzamento del nucleo identitario: questa traduzione cristallizzerebbe il concetto di «identità forte ancorché ibridata». Antropodecentrarsi significa trasformare la propria ontica in una realtà allargata e accogliente, potremmo dire sinciziale e rizomatica più che simbiontica o diffusa, con una finalità ben precisa: capire meglio le alterità dando loro un valore, costruire un'etica basata sul consentire e sull'empatia. La filosofia postumanista si propone oggi come un atelier di lavoro per destrutturare le numerose cornici culturali di matrice umanista che impediscono di incontrare gli eterospecifici nella loro globalità prospettica e quindi dialettica, ma soprattutto di dar luogo a nuove proposte più consone al concetto di «valore di diritti diversi».

D'altro canto, occorre distinguere:

a) La filosofia postumanista - da me proposta in alcuni saggi ma altresì presente in modo esplicito in autori come Donna Haraway[117] ma soprattutto nel concetto di «sinfisia» di Ralph Acampora[118] - caratterizzata da una forte critica all'impostazione dicotomica, all'ideologia della purezza, a ogni forma di discriminazione, perché fondata sull'annichilimento dell'identità essenzialista.

b) Dal «progetto posthuman», un movimento culturale eterogeneo nell'espressione artistica come nella formulazione teoretica sorto negli anni Novanta e dai tratti spesso fortemente antropocentrati.

Il progetto posthuman nasce dalla consapevolezza del tramonto di quell'idea solida e autarchica dell'uomo propria del pensiero umanistico in nome di una visione metamorfica e ibridativa dell'umano, anche in ossequio a una velocità di fuga crescente dell'antropopoiesi dalle coordinate classiche, resa possibile dalle rivoluzioni tecnologiche del Novecento. Questo progetto culturale, che non si traduce *ipso facto* in un programma di realizzazione del postuomo o postumano come sostenuto talora con orrore talaltra con ammirazione, è in fondo la presa di coscienza della fine di un periodo storico basato sulla pretesa di un protagonismo assoluto e incontaminato dell'uomo sul mondo[119]. Da questo spazio sterminato, proprio perché privo di qualsivoglia liminarità, emergono identità transitorie e transitive, multividuali, dove il connotato di base che le qualifica o, se vogliamo, le rende dialogiche è quello della vulnerabilità. Siano essi cyborg, teriomorfi, diversamente abili, identità mutanti di genere o di specie, la loro predicazione sta nell'essere coniugati, nel mostrare il proprio carattere di transitorietà e di vulnerabilità. Il punto centrale sta nell'ammettere che essere umano non significa più elevarsi in funambolie, dominare il mondo e ricercare la purezza ma essere coniugato al mondo e moltiplicare la propria esposizione.

Riprendendo poetiche visionarie come quelle di Philip K. Dick, William Burroughs, James Ballard, William Gibson, il progetto culturale postuman dà voce alle alterità[120]. Ma è necessario sottolineare che da questo nucleo caotico e per molti versi dai tratti fantascientifici si originano, negli anni di passaggio tra il ventesimo e il ventunesimo secolo, diversi filoni di pensiero spesso in aperto contrasto o, se vogliamo, con impostazioni filosofiche che hanno ben poco da spartire tra loro[121]. Il transumanismo, per esempio, contempla visioni elevative fortemente differenti, alcune che ricordano la gnosi - e quindi prospettanti una dimensione metafisica -, altre, viceversa, basate su una celebrazione della dimensione immanente che ricorda l'oltreuomo nietzschiano. Anche l'iperumanismo presenta rilevanti differenze al suo interno, laddove ci si appella all'intervento tecnologico per realizzare una sorta di «eufenetica» oppure di «eugenetica», entrambe basate su modelli di conformità e performatività tipicamente umanistici o, viceversa, si preannuncia una sostanziale modificazione dell'ontica umana per dare all'essere umano più potenzialità, onde raggiungere un *telos* che comunque si fa ricondurre alla *res cogitans* cartesiana.

Mentre in alcune espressioni del transumanismo si fa accenno anche a un carattere antispecista - si faccia riferimento alla dichiarazione transumanista che parla di diritto di tutti gli esseri senzienti - non si rileva alcuna traccia di antispecismo nell'iperumanismo anzi, appare chiara la velleità di aumentare il dominio dell'uomo sul mondo.

LA PROPOSTA POSTUMANISTA

Molto differente è la proposta postumanista, anch'essa filiata dalla riflessione culturale sul posthuman ma estremamente radicale nel portare alle estreme conseguenze il tramonto del pensiero umanistico, determinata cioè a rinunciare definitivamente a ogni pretesa di preminenza dell'uomo sul mondo ma soprattutto basata su un'ontologia dialogica degli enti. In altre parole, nella filosofia postumanista l'ente non può essere definito al di fuori del campo dialogico - l'ente è in quanto e solo quando dialoga - e poiché l'evento dialogico è sempre transitorio e plurale, esso non può essere definito come assoluto e individuale. L'identità diviene pertanto il campo espressivo dell'ente, che non è chiamato a sedimentare-rubare i predicati altrui ma a compiere un viaggio iniziatico nell'altro per poter raggiungere lo stato empatico e di consenzienza. Il concetto di referenza non è negoziabile: l'alterità deve poter mantenere la libertà di azione e di posizionamento nel qui e ora (soggettività) e deve poter esprimere in piena dignità ed esaustività la sua prospettiva peculiare (diversità). Nello stesso tempo, è proprio il carattere referenziale a negare ogni possibile ontologia solipsistica; il dialogo pertanto non assomiglia nemmeno lontanamente al cogito, assunto che implica il distanziamento.

Nella visione postumanista non esiste una disgiunzione tra umano e non umano, perché i due termini auto-comprendendosi tolgono fondamento a ogni pretesa dicotomica, per esempio quella di natura-cultura. Il non umano è predicato dell'umano e viceversa, tale da considerare ogni riferimento alla dicotomia umano *vs.* non umano un semplice artificio epistemico. Possiamo dire che nell'ottica postumanista a cadere è prima di tutto l'operatore dicotomico, ossia quell'operatore arbitrario che pretende di estrarre un'identità attraverso un processo di disgiunzione ed epurazione delle alterità, trasformando le alterità in fondale ricavabile per opposizione.

Sottolineare il ruolo delle alterità non umane nella costruzione identitaria dell'umano per il postumanismo non ha come obiettivo specifico e prioritario l'individuazione della fonte di potenziamento dell'umano ma semmai proprio il contrario, vale a dire evidenziare il bisogno dell'altro per l'evento dialogico, la sua valorizzazione come entità non reificabile, nonché abbattere ogni forma di centripetazione nell'*anthropos*. Il non umano è nell'umano come entità dialogica, frattalicamente presente in ogni scansione ontologica tale per cui qualunque operazione emarginativa assume l'aspetto di arbitrarietà assunta a-priori.

Nella visione postumanista - da non confondere pertanto con gli approcci transumanisti o neoumanisti di liberazione dell'umano dalle obsolescenze naturali e di esaltazione dell'umano su tutto il resto - si ammette una pluralità ontologica tale per cui non è possibile considerare il non umano come una *res* utilizzabile, bensì come un partner dialogico che è referenziale solo in quanto rispettato pienamente nel suo carattere di soggetto-diverso. Parlare di partnership non è affatto un mero artificio, perché qualora l'alterità subisse una strumentalizzazione perderebbe i connotati di referente dialogico e ci troveremmo di fronte a un utilizzo dell'alterità, non a un'ibridazione con l'alterità.

Con il termine di «relazione» ci si riferisce a un processo di reciprocazione-transazione - reciprocazione come interscambio partecipato, transazione come avvicinamento empatico - e non di semplice rapporto che, in quanto non necessariamente dialogico, può essere vissuto come interazione, fruizione o proiezione. Se inserito in una prospettiva dialogica, l'eterospecifico non è oggetto di studio, materiale di cui poter disporre, strumento funzionale al destino dell'uomo, categoria antinomica. Il concetto di referenza si fonda sul carattere dialogico del referente, che pertanto non può mai essere «oggetto referente», né il dialogo può dirsi tale se condotto in modo unilaterale. L'idea dialogica infatti rigetta i concetti di «animale da...», ovvero tanto le reificazioni quanto quelle più sottili di predicato annesso - non bisogna infatti confondere il soggetto dialogico con il risultato del dialogo, come non confonderei mai un amico o un maestro con i contenuti che mi ha trasmesso. D'altro canto, il predicato non è mai sedimentario ma emergente nel campo dialogico, da qui la differenza tra il concetto umanistico di sapere-dominio, dove i predicati assunti vengono messi in cassaforte dall'uomo, e quello postumanista di sapere-coniugazione, dove i predicati si esprimono nella misura in cui viene rispettato il campo dialogico.

Fondamento del pensiero postumanista è il concetto di ibridazione, che tuttavia non significa potenziamento dell'umano e semplice appropriazione di contenuti delle alterità, bensì trasformazione del campo prospettico umano in un sistema in non-equilibrio e costruzione di carenza, esattamente come l'innamoramento dà luogo al bisogno del partner.

Il concetto di ibridazione diviene operatore esplicativo:

1. Sotto il profilo ontologico, perché non si dà espressione dell'ente al di fuori del campo dialogico che accoglie e si fa accogliere.

2. Sotto il profilo epistemologico, perché nella prospettiva postumanista l'altro non è oggetto di conoscenza bensì soggetto di conoscenza.

3. Sotto il profilo etico, perché il rispetto dell'altro è fondato sull'empatia e sul cosentire.

Pertanto l'approccio postumanista non solo mette in discussione l'autarchia del processo antropopoietico ma altresì l'antropocentripetazione del processo: l'ibrido non domina il mondo ma è coniugato al mondo, non è potenziato ma carente rispetto alle alterità, non si erge sul mondo ma riconosce il suo bisogno di mondo, ripudia il diritto di usare le alterità perché privato definitivamente di un'ambizione riconducibile a un'identità forte. Antropodecentrarsi non significa allargare il proprio campo operativo, ossia il dominio di validità dell'umano, ma al contrario restringere il dominio di validità, accogliendo l'alterità e facendosi accogliere dall'alterità. Questo significa che l'ibridazione non è appannaggio esclusivo dell'uomo ma un processo che trasforma la pluralità ontologica in un immenso campo di continue contaminazioni.

L'ibridazione dialogica ovviamente non ha niente a che fare con l'utilizzo dell'eterospecifico e, in tal senso, occorre dimenticare il tradizionale approccio performativo, che vede nell'animale un fornitore di prodotti o di prestazioni, riassumibile nel concetto di «animale da...». La lettura performativa del non umano è figlia dell'impostazione umanistica perché:

1. Si pone al centro l'uomo come *telos* dell'intero creato, dando luogo a un'inevitabile strumentalizzazione del non umano.

2. Si toglie al non umano qualsiasi spazio di soggettività (libertà, parzialità, presenza) trasformandolo in un'entità matematizzabile e quindi privandolo di un suo *telos*.

L'interpretazione performativa o di utilizzo dell'eterospecifico reificato ma soprattutto strumentalizzato (giacché anche l'antropomorfizzazione con utilizzo surrogatorio dell'eterospecifico è una strumentalizzazione) è figlia dell'umanismo, pertanto non è possibile superarla rimanendo ancorati alle coordinate umanistiche. Questa è proprio l'accusa che la filosofia postumanistica fa all'animalismo tradizionale, il quale cerca di avanzare una proposta antispecista rimanendo all'interno di una cornice filosofica umanistica. Quando parliamo di referenza, di portato dialogico con l'animale, di ibridazione transpecifica, non ci riferiamo nemmeno lontanamente all'utilizzo performativo o biotecnologico dell'eterospecifico, perché questi non rispettando il carattere di soggettività dell'animale non consentono il canone relazionale e quindi non possono essere interpretate in senso referenziale.

La zooantropologia come disciplina nasce per mettere in evidenza il fatto che, volenti o nolenti, non ci sono barriere culturali tra le specie e che pertanto esistono continui passaggi prospettici tra i soggetti nonostante la loro diversità prospettica. Per tale motivo non è sufficiente parlare di un'ontica delle diverse specie, bensì occorre sottolineare una pluralità ontologica capace di realizzare la prospettiva di specie ma altresì di dar luogo a campi ontopoietici transpecifici. La zooantropologia studia i nessi che danno vita non solo a variazioni prospettiche nelle specie ma altresì a campi di espressione plurispecifici. In tal senso la zooantropologia si inserisce, seppur non in modo sovrappositivo, all'interno di quel vasto fronte di discipline[122] che, anche se talora in modo implicito, hanno abbandonato la cornice paradigmatica umanistica.

Come ho detto, per il postumanismo non esiste più un'identità dai confini e dalle morfologie chiaramente definibili - questo coinvolge non solo la specie o il genere ma altresì il soggetto stesso - bensì dei campi di ibridazione che danno luogo a degli eventi predicativi. Questo è il punto principale della filosofia postumanista: il predicato ibrido non appartiene a un ente, che proditoriamente o inconsapevolmente lo faccia proprio, ma a un evento, cioè a un'occorrenza storica. Mi preme sottolineare che il concetto di referenza, come da me proposto nei saggi di zooantropologia, non solo ripudia l'idea di uso dell'animale ma altresì quella di performatività come indicatore di valore dell'alterità non umana. L'alterità animale si relaziona all'uomo con la preposizione «con», vale a dire rigettando non solo lo sfruttamento dell'eterospecifico ma altresì il suo utilizzo. Secondo l'impostazione postumanistica, gli animali non umani rappresentano l'alterità dialogica più importante, quella che ha portato il sistema umano al carattere carenziale, ovvero a quello stato di apertura che non ha nulla a che fare con il potenziamento.

Il debito referenziale non porta a un'ulteriore emergenza dell'uomo sul mondo ma a un maggior bisogno da parte di quest'ultimo di ritrovarsi in spazi di cosenzienza: crea cioè vulnerabilità del sistema, termine che ovviamente non va interpretato secondo i parametri valutativi propri dell'umanismo. Il rischio è che, se non ci si rende conto del passaggio filosofico impresso dal postumanismo, si legga la proposta referenziale in termini neoumanistici. Sottolineare la natura ibrida di ogni espressione arbitrariamente definita umana significa affermare non che l'uomo ha imparato dagli animali l'arte della danza, della musica, della farmacologia, della tecnica e via dicendo, ma sottolineare che queste attività sono frutto della coniugazione dell'uomo con altre specie. Il predicato pertanto non appartiene all'uomo! Gli eterospecifici quindi non sono stati dei semplici maestri che hanno insegnato all'uomo gran parte delle attività-attitudini che oggi sciovinisticamente egli si attribuisce, ma sono stati letteralmente co-costruttori di tali predicati. L'aspetto più deteriore è che la cornice umanistica ha utilizzato proprio questi predicati per dichiarare gli animali non umani come inferiori.

Ancora una volta, osserviamo la centralità del predicato dialogico che è se e in quanto non disatteso, cosicché il rischio umanistico sta proprio nel portare a collasso e a implosione il sistema uomo che, forse unico tra i viventi, non dà valore al dialogo con l'eterospecifico e considera gli animali non umani semplicemente come risorse: economiche, ecologiche, estetiche. Dare valore ontologico alla relazione significa comprendere che nella disgiunzione (ovvero nella pretesa solipsistica) si nascondono le radici più profonde ma anche più resilienti dello specismo. Il rapporto con lupo è il miglior esempio.

Uomo e lupo si sono incontrati addomesticandosi vicendevolmente, adottandosi reciprocamente attraverso il maternaggio, costruendo dei processi di socializzazione incrociata, dando vita a paesaggi di convivenza. In tal senso parlo di alleanza, una possibilità che possiamo ancora recuperare se passiamo da una cornice interpretativa umanistica, cioè meramente performativa e basata sull'utilizzo, a una postumanistica o zooantropologica, basata sulla collaborazione e sulla convivenza.

Il rischio delle impostazioni umanistiche è quello di:

a) Non riconoscere la pluralità ontologica, con il risultato di considerare attributiva, elevativa, auspicabile ogni forma di antropomorfizzazione dell'eterospecifico.

b) Non mettere in discussione la centralità dell'individuo, visto nel suo carattere essenzialistico e quindi autonomo, puro, autofondato, liminale, con il risultato di non considerare i predicati relazionali, i campi relazionali e le coordinate del consentire.

Rispetto al punto *a)* è evidente come spesso le battaglie animaliste si siano concentrate su aspetti del maltrattamento animale che avevano rilevanza sulla coordinata simpatetica, ma che erano totalmente sprovviste di focalizzazione su quella empatica. Non si può assicurare benessere a qualcuno se non si conoscono i bisogni dell'ente che si desidera tutelare e troppo spesso le analisi mancavano di rilevanza sulla diversità prospettica. Liberare significa dare possibilità di espressione partendo dalla centralità dell'ente che chiede di esprimersi, ma sgombrare questo campo, rimuovere i vincoli o, se vogliamo, le barriere e le prigioni non è affatto intuitivo, cosicché sulla corda simpatetica quasi sempre si cade nel vicolo cieco proiettivo. Tuttavia, antropomorfizzare significa mettere l'uomo al centro a tal punto da farne un modello, trasformarlo nell'idea platonica verso cui gli altri enti si devono conformare.

Rispetto al punto *b)* sovente si è parlato in termini di allontanamento dell'uomo dagli eterospecifici senza tener conto che non esiste una liberazione *dagli* altri, ma una liberazione *con* gli altri. Per esempio, il benessere del cane è connesso alla possibilità di vivere con l'uomo da pieno protagonista dell'ecumene. Per l'umanista esiste ancora la differenza tra naturale e artificiale e lo spazio ecumenico viene ritenuto spazio antropico. Come non è possibile però liberare il nostro corpo dalle presenze non umane - una buona parte delle cellule che fanno parte del nostro corpo appartiene a eterospecifici - o come non è possibile cercare la purezza nella cellula dacché i mitocondri, che hanno un diverso genoma, sono essenziali per la respirazione cellulare, non è corretto ritenere l'ecumene uno spazio antropico. E non si tratta solo di considerazioni ecologiche giacché, come si è detto, i predicati espressi non sono propriamente umani ma co-fattoriali.

L'animalismo di marca umanista rimane ancorato al concetto di individuo; così facendo però pretende di imporre ai non umani (e anche all'uomo) quelle coordinate isolazioniste e universaliste sorte dall'antropocentrismo che pretenderebbe di superare. Per superare lo specismo occorre andare oltre la concezione di centralità - qualunque essa sia - attribuibile a un particolare ente.

7.
MANIFESTO PER UN ANTISPECISMO POSTUMANISTA
Dodici punti programmatici per un movimento in evoluzione

Pensare a un'antispecismo attivo basato più sul fare che sull'astenersi, che s'interroghi sugli interessi specie-specifici, sul benessere come *well-being* più che sul tradizionale *welfare*, considerando l'antropomorfismo una delle forme più becere di antropocentrismo, allontanandosi dalle coordinate umanistiche della purezza e della santità individuale e mettendo sotto critica proprio l'antropometrica, è una sfida, un laboratorio di idee che devono confrontarsi e contaminarsi reciprocamente. In questi anni ho ascoltato le proposte di tanti autori spesso in disaccordo tra loro e tuttavia da ciascuno ho ricevuto un arricchimento. Ma soprattutto mi sono reso conto che per una filosofia antispecista non basta fermarsi all'etica, per quanto importante, occorre prima di tutto ripensare il modo di leggere l'umano.

Ecco allora la mia proposta, dodici punti programmatici per un movimento in divenire.

1. Lo specismo è prima di tutto un modo attraverso cui l'uomo interpreta se stesso come entità completamente disgiunta dalla natura, non appartenente alla categoria animale, caratterizzato da una condizione di totale libertà e autodeterminazione, destinato a una dimensione altra rispetto alle specie non umane. Ogni forma di specismo ha conseguenze vessatorie, anche se condotte attraverso negligenza, astensione, segregazione, pregiudizio, distanziamento e non necessariamente attraverso maltrattamenti conclamati. Pertanto se è vero che ogni forma di sfruttamento implica uno specismo, non tutte le forme di specismo vengono rivelate dall'analisi sullo sfruttamento delle specie non umane.

2. Lo specismo umanistico rende contraddittorie le proposte antispeciste che non ne mettano in discussione il paradigma, perché basate su una visione antropocentrica. Non basta battersi contro lo sfruttamento degli animali, per quanto importante, ma occorre saper rinunciare a tutte quelle espressioni umanistiche che implicitamente confermano l'antropocentrismo, come:

a) I manifesti programmatici che si appellano a utopie, dove l'isola-che-non-c'è diventa l'espressione emancipativa e dispregiativa dell'uomo verso la natura.

b) La visione autarchica della cultura quale emanazione dell'uomo, che considera la dimensione umana come una sorta di *amnios* disgiuntivo.

c) La teoria dell'incompletezza e dell'indeterminazione naturale dell'uomo, che ritiene l'essere umano come solo un prodotto sociale o storico.

d) Ogni forma di universalismo e di purezza.

3. Per superare lo specismo umanistico è necessario battersi contro ogni forma di isolazionismo umano e contro ogni pretesa di distanza esistenziale e di autosufficienza, concezioni basate su un senso di estraneità del non umano e di superiorità altezzosa verso il non umano. A differenza di alcune teorie basate sulla liberazione del non umano dall'uomo, occorre accrescere le occasioni relazionali e la consapevolezza del valore di relazione, rafforzare il senso di vicinanza e la fratellanza verso le altre specie, puntare sullo sviluppo di zooempatia e di comunicazione interspecifica, sottolineare il significato di cosenzienza e coappartenenza. La relazione è pertanto la migliore terapia contro lo specismo.

4. Il problema del dominio dell'uomo sul mondo non è imputabile alla tecnoscienza in sé ma al modo prometeico di interpretarla, modello che ha trovato nell'umanismo la sua fondazione e celebrazione. In realtà, la tecnoscienza ha un valore decentrativo sull'uomo, rompendo la dimensione filogenetica dell'essere umano e importando prospettive eterospecifiche. È indispensabile rimarcare la concezione epimeteica della tecnoscienza e quindi il suo valore coniugativo e connettivo con le altre specie. L'antispecismo pertanto non deve appellarsi a modelli primitivisti e luddistici, ma deve battersi per passare da una società paleotecnologica basata sullo sfruttamento a una neotecnologica basata sulla liberazione.

5. La tecnoscienza va indirizzata verso model capaci di sostituire prassi energivore con prassi a l ambientale, soprattutto per quanto concerne l'utili se ambientali e *in primis* del suolo per la produzio Esiste una vessazione diretta sulle altre specie - caccia-pesca, nell'allevamento, nella vivisezione - ma non dobbiamo dimenticare che la vessazione più importante è indiretta e consiste nell'erodere spazio vitale alle altre specie, nell'impedir loro di realizzare il proprio progetto di vita. Se è vero che l'antispecismo deve mettere al primo posto l'individuo, è altresì vero che per difendere l'individuo occorre rivendicare il suo diritto di accesso allo spazio vitale, minacciato dalla società paleotecnologica e dalla bomba demografica umana.

6. Se è vero che si può essere ecologisti e non antispecisti, non è vero il contrario, ovvero non si può essere antispecisti senza essere ecologisti. Tra le due scelte non c'è simmetria: ogni distruzione ambientale comporta un danno diretto all'individuo che vi abita o vi vorrebbe abitare in quell'ambiente. La scelta vegan è pertanto una priorità per il suo porsi in intersezione tra vessazioni dirette e indirette; per questo tale scelta va sottratta alla dimensione etica individuale e deve trasformarsi in un progetto di sviluppo coinvolgente la società nel suo insieme e il modo in cui produce e consuma il cibo, al fine di raggiungere la soglia critica. Il dibattito sull'antispecismo non può pertanto considerare solo i principi virtuosi verso cui indirizzare il comportamento individuale ma deve altresì prendere in considerazione le conseguenze antispeciste che particolari scelte determinano sulle dinamiche di vessazione.

7. Il *Manifesto postumanista* si propone di modificare non solo il canone etico della tradizione umanistica, mettendo sotto critica l'intero edificio antropocentrico, ma altresì e soprattutto il canone estetico, cambiando il modello di rappresentazione dell'umano, emblema e volano di specismo, nonché più in generale del bello e del sublime. Occorre che ai modelli di purezza, elevazione, neotenia, perfezione, specificità - che hanno caratterizzato l'umanismo - vengano sostituiti altri modelli capaci di mettere in risalto il carattere ibrido della condizione umana, il valore della contaminazione come mezzo di reciproco arricchimento, il significato produttivo della mutazione e della teratomorfia (il *freak* come ordinario e come progetto), la diversa

...bilità come collante sociale, la metamorfosi e la pluralità come principio vitale.

8. Occorre inoltre passare da una concezione della soggettività basata sulla coscienza a una concezione basata sullo stato cognitivo, che preveda pertanto l'intangibilità del soggetto anche qualora si trovi in uno stato di obnubilamento della coscienza, accidentale o indotto. Per l'approccio postumanistico l'intenzionalità del soggetto sta nel suo essere protagonista nell'espressione comportamentale attraverso la relazione elettiva (soggettiva) con la situazione occorrente, ovvero nell'interpretare il proprio qui-e-ora in modo creativo e impredittibile, nell'essere cioè titolare e non schiavo delle proprie dotazioni cognitive, al contrario di una macchina. Solo una definizione chiara ed esplicita della soggettività, nelle sue diverse espressioni, consente di rigettare la reificazione.

9. Per comprendere l'interesse del soggetto come entità intenzionale non basta riferirsi alla senzienza né ai parametri di *welfare*, e tanto meno sono sufficienti la compassione o la simpatia, intesa quest'ultima in modo etimologico come «essere sulla medesima corda disposizionale». Per tutelare gli interessi degli eterospecifici in-quanto-soggetti è indispensabile realizzare un approccio empatico, inteso come capacità di rispecchiare una condizione o una propensione diversa dalla propria, che per essere tale richiede una sospensione dell'antropomorfismo banale o proiettivo. Conoscere la dimensione intenzionale dell'eterospecifico è possibile se applichiamo il criterio darwiniano della somiglianza e della differenza adattativa. Ma per far questo è necessario rafforzare la conoscenza scientifica e la riflessione etica, perché nessuno dei due approcci è in grado di far emergere l'interesse come proprio di quella soggettività. Anche per questo l'approccio postumanista ritiene l'antropomorfismo o la negligenza etologica come una forma grave di specismo.

10. Un movimento che voglia dirsi profondamente antispecista deve accettare il pluralismo nelle strategie e la molteplicità di approccio critico, evitando ogni forma di settarismo, essendo la deriva purista o neocatara una forma di specismo nel suo tentativo ascetico-elevativo e fortemente incentrato sull'individuo. Laddove è possibile deve affiancarsi a ogni forma di ribellione alle forme di segregazione e di sfruttamento, ma nella consapevolezza che è più facile liberare l'essere umano attraverso la liberazione delle altre specie, piuttosto che il contrario. Questo perché, per consuetudine, si è concepita la dignità dell'uomo sulla base della diversificazione dall'animale, mentre l'emarginazione e la stigmatizzazione dell'umano si sono realizzate attraverso la categorizzazione animale. La reificazione sta alla base di ogni forma di maltrattamento, ma non è soltanto la trasformazione strumentale dell'alterità.

11. Occorre liberare l'animale avendo consapevolezza che la libertà non si misura in termini di spazio ma di realizzazione del sé, ossia di partecipazione piena alle proprie qualità inerenti, e quindi non esiste un concetto universale di libertà, così come non si può concepire la liberazione animale come una proprietà di accesso a un catalogo di diritti universali. Il concetto di diritto animale è un obiettivo filosofico ancor prima di essere un obiettivo etico e richiede una forte dose di umiltà per costruirne le seppur approssimative coordinate. Ciò nonostante, per la filosofia postumanista, la liberazione animale rappresenta il nucleo concettuale esattamente come per l'umanismo lo era la liberazione dell'uomo. È evidente che per il postumanismo la liberazione animale rappresenta la vera liberazione dell'uomo.

12. Per l'antispecismo postumanista l'ignoranza è la forma più grave di specismo, dove per ignoranza non s'intende una mancanza di cultura ma una forma deficitaria d'interazione con la realtà esterna. La solipsia cartesiana o idealista è pertanto da considerarsi una grave forma d'ignoranza, perché mette al primo posto il *cogito* e trasforma la realtà in un delirio. Nella prospettiva postumanista la sapienza è una filosofia del «*dialogo ergo sum*» e una consapevolezza della natura dialogica di ogni processo ontopoietico e dell'importanza dell'ontologia relazionale. Sapere è perciò accogliere e farsi accogliere, aprire delle soglie di ospitalità, accettare di essere modificato dall'alterità, eccentrarsi nell'altro o farsi possedere, rendersi teatro e prendersi cura dell'altro, ribellarsi a ogni forma di omologazione, fosse pura quella autoimposta in nome di una granitica coerenza, assumersi in prima persona la responsabilità di operare in nome e per conto della pacifica convivenza.

Appendice
SARANNO LE MACCHINE A SALVARE GLI ANIMALI
Conversazione con Roberto Marchesini a proposito di sperimentazione animale

di *Eleonora Adorni*

«E poiché l'etica ha a che fare con l'agire, [...] il mutamento nella natura dell'agire umano esige anche un mutamento dell'etica».
Hans Jonas, *Il principio di responsabilità. Un'etica della civiltà tecnologica*

D.: *Il filosofo Hans Jonas non è certo conosciuto per aver incluso i non umani nella propria proposta etica per la civiltà tecnologica, ma nell'indicare la ricorsività tra etica e pratica - tra filosofia e scienza - e, soprattutto, nel suggerirci la proporzionalità diretta che vige tra l'operatività sul mondo e la responsabilità che questo comporta sembra indicarci una possibile strada da intraprendere per iniziare a riflettere sull'argomento. Scienza ed etica appaiono infatti come nodo gordiano della riflessione contemporanea (si pensi al dibattito sulla sperimentazione animale!): Roberto, come ti poni a riguardo?*

R.: Come hai sottolineato, Jonas alla fine degli anni Settanta mette in relazione evoluzione tecnoscientifica e allargamento dell'orizzonte etico sotto le ali del «principio responsabilità»: quanto più aumenta la nostra capacità operativa, grazie allo sviluppo della tecnoscienza, tanto più cresce (o dovrebbe crescere) la nostra responsabilità e quindi l'attenzione etica.

Concordo sul progetto di edificare un ponte tra fatti e valori, assai più fondato di quello di dieci anni prima proposto da Potter, ma dissento rispetto a questi punti:

1. La unidirezionalità che va dalla tecnoscienza all'etica, giacché il suo opposto è sostenuto all'esile filo dell'euristica della paura.

2. L'appello alla responsabilità, che paradossalme
tende di fondare quando chiede al dover-essere
dazione.

Quindi, come ne usciamo da questo apparente vicolo cieco? Mi viene da chiedere: può esistere un'etica postumana che - smantellato il retaggio umanista - possa porsi come chiave di lettura proficua di tale relazione? Quello che mi sembra è che nel loro utilizzo, concetti come quello di «diritto», «paziente morale» ecc., utilizziamo concetti gravidi di antropocentrismo e, in tal senso, non calabili nella vita dei non umani.

Occorre trovare un principio di relazione tra scienza ed etica molto più articolato rispetto al concetto umanistico di responsabilità, che è basato ancora sull'idea antropocentrica di un essere umano come entità pura ontologicamente, saldamente al centro della cabina di regia operativa. Ma prima di illustrare la mia proposta postumanistica di relazione tra scienza ed etica - che peraltro ha molto a che fare con la critica all'universalismo, implicito nell'idea di diritto - è indispensabile confutare la pretesa, ancor oggi prevalente, di una netta separazione tra i due ambiti. È indubbio che non vi sia una discendenza diretta dai valori ai fatti e viceversa poiché si assume, tanto in una visione umanistica che in una postumanistica, che la soggettività sia fondata sulla proprietà di scelta, ovvero sulla titolarità dell'individuo delle proprie dotazioni espressive. L'errore sta nel confondere il concetto di non-discendenza con quello di non-intersezione tra i due ambiti: se è vero che dai fatti non si possono ricavare dei valori ciò non significa che le nuove acquisizioni della ricerca scientifica o le nuove applicazioni tecnologiche non abbiano ricadute sulla riflessione etica.

Pensare che tra scienza ed etica non vi sia alcun rapporto è in contrasto con tutta la ricerca etica antispecista che, al contrario, chiama a testimone le scoperte in etologia - per esempio, circa i principi di soggettività e intenzionalità - e in neurobiologia - per esempio, sulla senzienza e sull'emotività - ogni qualvolta vuole stigmatizzare come specismo una discriminazione.

In che cosa si differenzia, per esempio, rispetto all'idea di bioetica formulata da Potter, la tua proposta di riflessione?

In fondo, ogni valutazione analitica sui caratteri del paziente morale e sui principi di giustizia si basa sempre su dei principi di valutazione, ovvero di descrizione dell'ente, e se la scienza modifica le coordinate descrittivo-esplicative degli enti è giocoforza che influenzi quella valutazione analitica su cui si basa la ricerca etica. Detto questo, pur riconoscendo l'importanza delle proposte di Potter e Jonas, ritengo tuttavia che ugualmente non siano in grado di articolare in profondità il rapporto tra scienza ed etica. Nel saggio *Post-human* ho rilanciato un ponte alternativo, il rapporto di «problematicità inerente e cogente tra conoscenza descrittiva e conoscenza prescrittiva», entrambe considerate come processi di decentramento ontologico dell'umano. Se consideriamo la tecnoscienza come un decentramento - allontanamento dalla dimensione filogenetica - dell'interfaccia coniugativa tra l'essere umano e il mondo, è conseguente che ogni emergenza tecnoscientifica sposti non solo le capacità operative ma il modo valutativo degli enti, vale a dire le inerenze, nonché l'orizzonte ontologico dell'umano, comprendente altresì il catalogo dei fini. È allora evidente che qualunque scostamento tecnoscientifico ponga dei problemi cogenti alla riflessione etica, anzi prescriva non delle normatività ma delle problematicità.

Come devono, o dovrebbero parlarsi, scienziati e filosofi dato per assodato che scienza ed etica non sono camere stagne ma - quasi si trattasse di un sistema di vasi comunicanti - elementi in continuo dialogo tra loro?

La ricerca scientifica fa emergere dei fatti (per esempio, l'omologia darwiniana tra uomo e altri animali, il carattere di senzienza in neurobiologia, la riflessività e il carattere intenzionale nelle altre specie da parte dell'etologia) che pongono dei problemi inderogabili a cui l'etica è chiamata a sviluppare risposte nei campi della moralità ristretta e allargata. Allo stesso modo, la riflessione etica fa emergere dei valori (per esempio, il rispetto per la diversità degli interessi, l'asimmetria tra agente e paziente morale, la tolleranza verso la pluralità) che chiedono sempre in modo inderogabile delle risposte alla ricerca scientifica. Per esempio: rigettare la sperimentazione animale per motivi etici significa già in sé aver introiettato dei dettati descrittivi (per esempio, il carattere di senzienza) e produrre una prescrizione che non si limita alla condotta ma diventa programma di ricerca (i metodi alternativi).

Sembri quindi evidenziare la fallacia stessa di ogni pensiero/ prassi che, mirando alla purezza, pecca poi di «settarismo», oppure, per dirla in termini filosofici, di solipsia. Un'autoreferenzialità che in una certa misura è presente nel movimento per i diritti animali, che vede nella reificazione della dicotomia noi (vegan)/voi (specisti) una riproposizione di quella separazione, io-altro da me che è il cardine portante di ogni pensiero volto alla discriminazione dell'altro, sia questo uomo o animale non umano.

Cercare la purezza non riguarda i contenuti, che devono sempre essere portati alla massima conseguenza e devono dare la più grande consapevolezza anche delle loro inevitabili contraddizioni, come può essere quella di preferire una specie piuttosto che un'altra[124]. I contenuti devono essere sviluppati in tutti i loro aspetti e non si è mai estremisti nel rigore, poiché questo è una forma di onestà intellettuale e di sincerità. Qualunque animale va rispettato nella sua soggettività e non va mai strumentalizzato. La purezza riguarda altri aspetti, più autoreferenziali, più intimi. Quelli che ci portano a credere di essere degli eletti. Troppo spesso ci sono atteggiamenti di questo tipo, che ci portano a cercare i nemici nelle persone che viceversa stanno lottando insieme a noi per il medesimo obiettivo: vedere nell'animale un compagno di relazione e non una macchina da sfruttare.

Eleonora Adorni, antropologa, si occupa di relazione uomo-animale (zooantropologia). Laureata sotto la guida di Sabrina Tonutti presso l'Alma Mater Studiorum di Bologna, sta proseguendo la sua ricerca all'interno del Centro Studi Filosofia Postumanista diretto da Roberto Marchesini. È membro della redazione editoriale delle riviste «Relations. Beyond Anthropocentrism» (LED, Milano) e «Animal Studies. Rivista italiana di antispecismo» (Novalogos, Aprilia). Scrive inoltre per le pagine culturali de «Il Manifesto».

Note

Introduzione

[1]Jacques Derrida, *L'animale che dunque sono*, Jaca Book, Milano 2006.

1. *A proposito di specismo*

[2]Richard Ryder, *Speciesism*, 1970, in RSPCA, *On the Side of Animals. Some Contemporary philosophers' views*, London 1996.

[3]Ruth Harrison, *Animal Machine*, Vincent Stuart Publishers, London 1964.

[4]Rachel Carson, *Silent Spring*, «The New Yorker», New York 1962.

[5]Raccolte di documenti volte a denunciare gravi fenomeni sociali.

[6]Hans Reusch, *Imperatrice nuda. Una denuncia contro la crudele pratica della vivisezione*, Garzanti, Milano 1981. Il testo integrale del volume è stato reso disponibile dalla Fondazione Hans Reusch ed è consultabile al link www.hansruesch.net/articoli/Imperatrice%20Nuda%20(1976).pdf

[7]L'attenzione verso il raccapricciante, ben rappresentato nel film italiano *Mondo cane* del 1962 su soggetto di Paolo Cavara e Gualterio Jacopetti, caratterizza anche tutti gli stilemi comunicativi di questa realtà, eccessiva e splatter e ancora confinata nell'underground rispetto ad altri temi del Sessantotto.

[8]Peter Singer, *Animal Liberation*, HarperCollins, New York 1975. Il libro esce in Italia per la prima volta nel 1987 con il titolo *Liberazione animale* per le edizioni della LAV, per poi essere pubblicato da Il Saggiatore nel 1991.

[9]È Van Rensselaer Potter che nel 1971 ha coniato il neologismo di «bioetica» nel testo *Bioethics. Bridge to the future*, Prentice-Hall, New Jersey.

[10]Come è possibile per esempio leggere in James Lovelock, *The Ages of Gaia. A biography of our Living Earth*, Oxford University Press, Oxford 1988.

[11]Andando a delineare ciò che egli intende con il termine di specismo, in *Liberazione animale* Singer scrive: «È un pregiudizio, o atteggiamento di prevenzione a favore degli interessi dei membri della propria specie a sfavore di quelli dei membri di altre specie» (p. 22).

[12]Dal punto di vista dell'animalismo concepire fatti e valori come svincolati è perdente e vi faccio un esempio: se affermate che gli animali non umani sono esseri senzienti, vi state basando sulla ricerca scientifica, in quanto partirete da una considerazione dei fatti e, conseguentemente, se svincolate l'etica dai fatti, inevitabilmente il vostro ragionamento perde di fondamento. Lo svincolo totale vale solo all'interno di un paradigma antropocentrico, ma se vi volete

svicolare da questo, la forbice humeana non vale più! Il discorso antispecista chiede conferma costantemente ai fatti, basti pensare al discorso sui casi marginali, quello sulla senzienza, il discorso sulla somiglianza filogenetica, quindi noi dobbiamo evitare sia la deriva della discendenza diretta che la deriva dello svincolo totale e dobbiamo assumere questa visione: la ricerca scientifica pone dei problemi a cui la riflessione etica deve dare risposte e la riflessione etica pone dei problemi a cui la ricerca scientifica deve dare risposte in un rapporto tra le parti che deve essere di natura problematica.

[13]Per chiunque fosse interessato a ripercorre la storia del movimento animalista, suggerisco la lettura del bel libro dell'antropologa Sabrina Tonutti, *Diritti animali. Storia e antropologia di un movimento*, Forum, Udine 2007.

[14]Stilato nel 1965 dal *Farm Animal Welfare Council* (FAWC), il *Brambell Report* elencava le «cinque libertà» che avrebbero garantito il «benessere» degli animali di allevamento ovvero libertà: *1)* dalla fame, dalla sete e dalla cattiva nutrizione; *2)* ad avere un ambiente fisico adeguato; *3)* dal dolore e dalla malattie; *4)* a manifestare le caratteristiche comportamentali della propria specie; *5)* dal timore.

[15]Secondo la famosa asserzione di Jeremy Bentham: «Il problema non è: "Possono ragionare?", né: "Possono parlare?", ma: "Possono soffrire?"» (citato in P. Singer, *op. cit.*, p. 23).

[16]Tom Regan, *La mia lotta per i diritti animali*, Garzanti, Milano 2005.

[17]Regan scrive: «Gli individui sono *soggetti-di-una-vita* se hanno credenze e desideri, percezione, memoria, senso del futuro, una vita emozionale, nonché sentimenti di piacere e dolore, interessi-preferenze e interessi-benessere, capacità di dare inizio all'azione in vista della gratificazione dei propri desideri e del conseguimento dei propri obiettivi, identità psicofisica nel tempo, e benessere individuale nel senso che la loro esperienza di vita è per loro positiva o negativa in termini indipendenti dalle loro utilità per altri e dal loro essere oggetto di interesse per chiunque altro» (*op. cit.*, pp. 331-332).

[18]Secondo la definizione che, di criptospecismi, ne dà Leonardo Caffo ne *Il maiale non fa la rivoluzione. Manifesto per un antispecismo debole*, Sonda, Casale Monferrato (AL) 2013, p. 42. D'ora in avanti, ogni qualvolta userò il termine «criptospecismo» nel testo, il riferimento sarà a Caffo.

[19]L'espressione di un interesse universale è essa stessa specista - come lo è il concetto di dolore in Bentham, che può essere in tale ottica considerato come un particolare tipo di interesse universale della serie «ogni specie ha interesse a non provare sofferenza» - in quanto basata sull'idea che possa esistere un criterio che valga in modo indistinto se applicato a tutto il vivente.

[20]Derrida, *op. cit.*

[21]Per Giorgio Agamben si pensi al suo utilizzo del termine *quodlibet* che fa nel testo *Mezzi senza fine. Note sulla politica*, Bollati Boringhieri, Torino1996.

[22]Vinciane Despret, *Quando il lupo vivrà con l'agnello. Sguardo umano e comportamenti animali*, Eléuthera, Milano 1994.

[23]Matthew Calarco, *Zoografie. La questione animale da Heidegger a Derrida*, Mimesis, Milano 2012.

[24]Donna Haraway, *Manifesto Cyborg. Donne, tecnologie e biopolitiche del corpo*, Feltrinelli, Milano 1995.

[25]Dario Martinelli, *A Critical Companion to Zoosemiotics. People, Paths, Ideas*, Springer, London-New York 2010.

[26]Ralph Acampora, *Fenomelonogia della compassione. Etica animale e filosofia del corpo*, Sonda, Casale Monferrato (Al) 2008.

[27]Roberto Marchesini, *Il concetto di soglia*, Theoria, Roma 1996.

[28]Id., *Post-human. Verso nuovi modelli di esistenza*, Bollati Boringhieri, Torino 2002.

[29]Seppur nella varietà delle proposte sostenute si faccia riferimento alle opere di autori come Ted Benton, *Natural Relations. Ecology, Animal Rights and Social Justice*, Verso, NewYork 1993; David Nibert, *Animal Rights/human Rights: Entanglements of Oppression and Liberation*, Rowman & Littlefield Publishers, Maryland 2002, e il recente *Animal Oppression and Human Violence. Domesecration, Capitalism, and Global Conflict*, New York, Columbia University Press 2013; Carol Adams, *The Sexual Politics of Meat. A Feminist-Vegetarian Critical Theory*, Continuum, London-New York 1990; Massimo Filippi, *Natura infranta*, Ortica, Aprilia (Lt) 2013, e con Filippo Trasatti il recente *Crimini in tempo di pace. La questione animale e l'ideologia di dominio*, Eléuthera, Milano 2013; John Zerzan, *Primitivo attuale. Il rifiuto della civiltà*, Stampa alternativa, Viterbo 2004; Zipporah Weisberg, *The Broken Promises of Monsters. Haraway, Animals and the Humanist Legacy*, in «Journal for Critical Animal Studies», 2009, vol. 7, n. 2, pp. 22-62; John Sanbonmatsu (a cura di), *Critical Theory and Animal Liberation*, Rowman & Littlefield Publishers, Maryland 2011; Marco Maurizi, *Al di là della natura. Gli animali, il capitale e la libertà*, Novalogos, Aprilia (Lt) 2012, e *Le parole e le cozze. Saggi di critica antispecista*, Lulu, Roma 2013.

[30]Carl Boggs, *Corporate Power, Ecological Crises and Animal Rights*, in J. Sanbonmatsu (a cura di), *op. cit.* pp. 71-98.

[31]Si pensi al testo di Max Horkheimer, *Crepuscolo. Appunti presi in Germania*, Einaudi, Torino 1977, dove descrive il grattacielo capitalista che regge sullo sfruttamento degli animali: «Su in alto i grandi magnati dei trust dei diversi gruppi di potere capitalistici che però sono in lotta tra loro; sotto di essi i magnati minori, i grandi proprietari terrieri e tutto lo staff dei collaboratori importanti; sotto di essi - suddivise in singoli strati - le masse dei liberi professionisti e degli impiegati di grado inferiore, della manovalanza politica, dei militari e dei professori, degli ingegneri e dei capiufficio fino alle dattilografe; ancora più giù i residui delle piccole esistenze autonome, gli artigiani, i bottegai, i contadini e tutti gli altri, poi il proletariato, dagli strati operai qualificati meglio retribuiti, passando attraverso i manovali fino ad arrivare ai disoccupati cronici, ai poveri, ai vecchi e ai malati. Solo sotto tutto questo comincia quello che è il vero e proprio fondamento della miseria, sul quale si innalza questa costruzione, giacché finora abbiamo parlato solo dei paesi capitalistici sviluppati, e tutta la loro vita è sorretta dall'orribile apparato di sfruttamento che funziona nei

territori semi-coloniali e coloniali, ossia in quella che è di gran lunga la parte più grande del mondo... In India, in Cina, in Africa la miseria di massa supera ogni immaginazione. Sotto gli ambiti in cui crepano a milioni i coolie della terra, andrebbe poi rappresentata l'indescrivibile, inimmaginabile sofferenza degli animali, l'inferno animale nella società umana, il sudore, il sangue, la disperazione degli animali... Questo edificio, la cui cantina è un mattatoio e il cui tetto è una cattedrale, dalle finestre dei piani superiori assicura effettivamente una bella vista sul cielo stellato» (pp. 68-70).

[32]Presente nel testo *L'aperto. L'uomo e l'animale*, Bollati Boringhieri, Torino 2002. Scrive qui Agamben che *Homo sapiens* non è «né una sostanza né una specie chiaramente definita: è, piuttosto, una macchina o un artificio per produrre il riconoscimento dell'umano» (p. 34). La macchina antropologica è quindi un artificio antropogenetico che produce l'umano mediante un doppio processo di inclusione/esclusione e prosegue: «entrambe le macchine possono funzionare soltanto istituendo al loro centro una zona d'indifferenza, in cui deve avvenire l'articolazione fra l'umano e l'animale» (p. 43).

[33]Caffo, *op. cit.*

[34]Melanie Joy, *Perché amiamo i cani, mangiamo i maiali e indossiamo le mucche. Un'introduzione al carnismo e un processo alla cultura della carne e alla sua industria*, Sonda, Casale Monferrato (Al) 2012.

[35]Encomiabili in tal senso le ricerche e i saggi che in Italia sono stati prodotti da studiosi come Luisella Battaglia, Silvana Castignone, Vilma Baricalla, Gino Ditadi. Per Luisella Battaglia ricordiamo *Etica e diritti degli animali*, Laterza, Roma-Bari 1997; per Silvana Castignone (a cura di), *I diritti degli animali. Prospettive bioetiche e giuridiche*, Il Mulino, Bologna 1985, e *Povere bestie. I diritti degli animali*, Marsilio, Venezia 1997. Per Vilma Baricalla si faccia riferimento ad *Animali ed ecologia in una rilettura del mondo al femminile*, Perdisa, Bologna 2009, mentre per Gino Ditadi 1994, *I filosofi e gli animali*, Insonnia, Este (Pd) 1994.

[36]Nell'operazione che fa, per esempio, Calarco in *Zoografie*, *op. cit.* Così definisce il suo concetto di «indistinzione», nell'intervista rilasciata a Leonardo Caffo, che «non vuol dire, superficialmente, stabilire un'identità, ovvero, non significa che essi (gli animali) sono ora visti come noi (esseri umani), e viceversa; significa che ciò che chiamiamo umano, e ciò che chiamiamo animale, rientrano ora in una zona del tutto diversa di profonda indistinzione che ci impone di utilizzare alternative linguistiche non convenzionali, concetti e idee differenti, se vogliamo parlarne. In altre parole, "indistinzione" significa che abbiamo un lavoro etico e ontologico da fare. Si palesa inesorabile una domanda: come potrebbe, ciò a cui gli "esseri umani" e gli "animali" si riferiscono, essere pensato altrimenti da un punto di vista etico e ontologico? Conosciamo i vecchi approcci di demarcazione umano/animale (ontologicamente, gli esseri umani sono separati dagli animali da un abisso, ed eticamente, gli esseri umani hanno più valore intrinseco rispetto agli animali). Ma se il concetto di "umano" scompare, e con esso quello di "animale", allora non sappiamo più chi siamo e cosa potremmo diventare, che tipo di affetti e relazioni potrem-

mo avere, che tipo di mondo potremmo costituire e abitare. In altre parole, la visione dell'uomo e degli animali come indistinta comporta pensarsi tutti in uno spazio condiviso di sperimentazione ontologica ed etica» (Leonardo Caffo, *Indistinti nella carne che dunque siamo*, in «Asinus Novus. Rivista on line di antispecismo e filosofia», giugno 2012. L'intervista completa è consultabile al link http://asinusnovus.net/2012/06/02/indistinti-nella-carne-che-dunque-siamo-tre-domande-a-matthew-calarco/).

[37]Giovanni Pico della Mirandola, *De hominis dignitate*, Scuola Normale Edizioni, Pisa 2012.

[38]Scrive Heidegger: «L'animale infatti è in rapporto con l'ambiente in cui trova nutrimento, col suo territorio di caccia e con il gruppo dei suoi simili, e lo è in modo essenzialmente diverso da quello della pietra rispetto al terreno in cui giace Nella cerca del vivente proprio della pianta e dell'animale, troviamo il caratteristico muoversi in una motilità conformemente alla quale il vivente è stimolato, vale a dire eccita a dischiudersi un ambito di eccitabilità, in base alla quale esso include qualcun altro nell'ambito del muoversi. Ma nessuna motilità e nessuna eccitabilità della pianta e dell'animale possono mai portare il vivente nel libero in modo tale che l'eccitato possa lasciar essere l'eccitante... piante e animali dipendono da qualcosa che è loro esterno, senza mai "vedere" né il fuori né il dentro, cioè senza mai vedere di fatto il loro essere svelati nel libero dell'essere» (in *Concetti fondamentali della metafisica. Mondo, finitezza, solitudine*, Il Nuovo Melangolo, Genova 2005, pp. 237-238).

[39]Gaston Bachelard, *L'impegno razionalista*, Jaca Book, Milano 2003, p. 51.

[40]Thomas Nagel, *Che cosa si prova ad essere un pipistrello?*, Castelvecchi, Roma 2013.

[41]Come, per esempio, chi cerca d'individuarla nel processo di domesticazione.

2. *L'animale come presenza*

[42]Si pensi a tal proposito alla definizione che Aristotele dà di uomo come *zóon logòn échon*, ovvero di animale dotato di parola. Essere dotato di linguaggio che caratterizzerà una delle qualità intrinseche dell'*animale rationale* qual è l'umano, recidendo qualsiasi continuità con il mondo degli animali non umani.

[43]Come l'etologia insegna, qualunque espressione comportamentale può essere spiegata attraverso la dialettica tra *input* (che possono essere non solo gli stimoli ambientali, ma altresì tutte le variabili intervenienti, compresi i fattori fisiologici) e *output*.

[44]Per quello che riguarda le ricerche che hanno cercato di stabilire una diretta correlazione tra percezione e autocoscienza, penso a quella effettuata da Gordon Gallup, denominata *Mirror Test*. Lo scienziato posizionò per dieci giorni uno specchio fuori da una gabbia in cui vivevano alcuni scimpanzé, notando come questi passavano da una fase iniziale nella quale credevano che l'immagine riflessa appartenesse a un altro individuo a una seconda fase nella quale lo strumento riflettente era utilizzato per mettere in pratica una comunicazione

specchio-mediata tra gli elementi del gruppo per compiere, per esempio, atti di *grooming* in parti altrimenti non visibili dei loro corpi. Per gli studi di Gallup si rimanda all'articolo *Chimpanzees. Self-recognition*, «Science», gennaio 1970, n. 167, pp. 86-87. Sono tuttavia molti gli studiosi che hanno basato le proprie ricerche su questo tipo di focale, si pensi a tal proposito ai lavori di Diane Reiss condotti sui delfini, oppure a quelli di Donald Griffin e di Marc Bekoff.

[45]Si rimanda ai lavori di Francine Patterson, *Conversation with a Gorilla*, «National Geographic», ottobre 1978, n. 154, pp. 438-465.

[46]Philip K. Dick, *Ubik*, Fanucci, Roma 1998.

[47]Qui mi sto riferendo al famoso principio detto «Rasoio di Occam» e al Canone di Parsimonia di Morgan. Secondo il primo, per spiegare un fenomeno non è necessario formulare più ipotesi di quelle strettamente necessarie. Diceva Guglielmo da Occam che, a parità di fattori, la spiegazione più semplice è da preferire. Il Canone di Parsimonia di Morgan afferma che non è corretto interpretare un comportamento come il risultato dell'esercizio di una facoltà mentale superiore se può essere spiegato facendo riferimento a una inferiore.

[48]Facciamo solo un breve *excursus* che va dalla teorizzazione di Jakob Johann von Uexküll sulla *umwelt*, alla teoria di Jaques Loeb sui tropismi, alla visione riflessogena di Ivan Pavlov, alla psicoidraulica di Konrad Lorenz, ai condizionamenti di Burrhus Skinner. Sono sicuro che ciascuno di questi la pensava diversamente, ma in privato, non allorché varcava il club della scienza.

[49]In realtà, se applichiamo la ricetta darwiniana, questa dicotomia tra interno ed esterno è solo apparente in quanto il comportamento innato è strettamente legato a quello appreso dal momento che è sua condizione necessaria. Si può quindi affermare che tra i due termini vi sia un rapporto ricorsivo nel quale è impossibile identificare chi viene prima e chi dopo.

[50]Come sappiamo, il sogno laplaciano del demone onnisciente è stato smentito dalla fisica del ventesimo secolo.

[51]Pico della Mirandola, *De hominis dignitate*, *op. cit.*

[52]In definitiva questo è riscontrabile dal manifesto pichiano all'antropologia filosofica di Arnold Gehlen, nella concezione matematizzata di Cartesio come nella proposta heideggeriana di «animale povero di mondo». Le differenze riscontrabili nei vari autori, che ricoprono uno spazio di circa sei secoli, sono solo opera di ritinteggiatura dello stesso concetto.

[53]Stephen Budiansky, *Se un leone potesse parlare. L'intelligenza animale e l'evoluzione della coscienza*, Baldini & Castoldi Dalai, Milano 1998.

[54]Ludwig Wittgenstein, *Ricerche filosofiche*, Einaudi, Torino 1993, p. 292.

[55]Heidegger, *Concetti fondamentali della metafisica. Mondo, finitezza, solitudine*, *op. cit.*

[56]Charles Darwin, *Le espressioni delle emozioni nell'uomo e negli animali*, Bollati Boringhieri, Torino 1999.

[57]In merito alla questione della cosiddetta «carne felice», segnalo l'articolo di Matthew Cole, *From «Animal Machines» to «Happy Meat»? Foucault's Ideas of Disciplinary and Pastoral Power Applied to «Animal-Centred» Welfare Dis-*

course in «Animals», 2011, vol. 1., pp. 83-101. Il saggio è stato tradotto in italiano dalla rivista «Liberazioni» con il titolo *Dagli «animali macchina» alla «carne felice». Un'analisi della retorica del benessere alla luce del pensiero di Foucault sul potere disciplinare e quello pastorale*, dicembre 2010, n. 3, pp. 6-27. A proposito di «carne felice», segnalo inoltre il bel progetto «Bio-violenza. Al mattatoio sani e felici», che nasce: «Dal desiderio di alcuni attivisti di denunciare, all'interno del vasto mondo dello sfruttamento degli animali a fini alimentari (allevamenti, pesca e caccia), l'emergente strategia produttiva e soprattutto ideologica di quei settori che a vario titolo promuovono forme di allevamento e macellazione cosiddette "sostenibili", "etiche", biologiche, rispettose dell'ambiente, dei diritti dei lavoratori, delle comunità locali e, perfino, del "benessere animale"». Maggiori informazioni su http://bioviolenza.blogspot.it

58Emmanuel Lévinas, *Totalità e infinito. Saggio sull'esteriorità*, Jaca Book, Milano 1980.

59Stanisław Lem, *Solaris*, Mondadori, Milano 1990.

60Marchesini, *Il concetto di soglia, op. cit.*

61Per la visione dell'animale come «specchio oscuro», rimando al saggio di T. Benson, *Lo specchio oscuro. Stereotipi animali e crudeltà umana*, in Silvana Castignone (a cura di), *I diritti degli animali*, il Mulino, Bologna 1982, pp. 119-133.

62Agamben, *op. cit.*

63Per un'analisi più approfondita di tali tematiche, rimando a miei testi, come *Fondamenti di zooantropologia*, Perdisa, Bologna 2005, e *Manuale di zooantropologia* (con Sabrina Tonutti), Meltemi, Roma 2007.

64Rainer Maria Rilke, *Elegie duinesi*, Dalai Editore, Milano 2007. Nell'ottava *Elegia*, Rilke scrive: «L'animale è *nel* mondo. Noi invece gli stiamo dinnanzi e ciò in virtù della forma e grado particolare della nostra coscienza» (p. 49).

65Animale estinto della famiglia degli Artropodi vissuto nel Cambriano.

66Derrida, *L'animale che dunque sono, op. cit.*

67Tendenza che già aveva sottolineato Konrad Lorenz parlando di universali et-epimeletici intesi come caratteri giovanili condivisi da tutti i cuccioli di mammifero: quali *a)* testa voluminosa; *b)* frontale sviluppato; *c)* occhi grandi; *d)* splancnocranio schiacciato; *e)* movimento incerto sulle zampe. La nostra specie è fortemente vulnerabile nei confronti delle altre specie ed è portata a rispondere loro con un comportamento epimeletico. Per approfondimenti a riguardo, rimando al testo di Lorenz, *L'etologia*, Bollati Boringhieri, Torino 1980.

68Nagel, *Che cosa si prova ad essere un pipistrello?*, *op. cit.*

69Si faccia qui riferimento agli studi di Francine Patterson sulla gorilla Koko, che ha appreso il linguaggio per sordomuti americani Asl. Koko, gorilla di circa quarant'anni, che vive presso la Gorilla Foundation in California, ha infatti «imparato» questo codice, oltre che a comprendere l'inglese parlato insegnatole da Patterson. La personalità del primate si è rivelata a dir poco spiccata: ha appreso e riprodotto in modo autonomo e creativo i pattern linguistici, dimostrando di saper agire liberamente entro una cornice assegnatale dalla ricercatrice. Ha espresso giudizi morali su altri animali (uomo compreso) anche in termini di compassione (alla vista di un cavallo con il morso), ha dimostrato di saper fare ironia, di creare mondi immaginari, di ricordare esperienze passate e di riconoscersi come «fine animal gorilla». La sua ricchezza emotiva si è realizzata in una forma di *pet-ownership* che Koko ha instaurato con un gattino scelto da una cucciolata (l'unico privo di coda) e che ha deciso di chiamare «Palla» (in Asl). A tal proposito, si vedano Francine Patterson, *Conversation with a Gorilla*, «National Geographic», ottobre 1978, n. 154, pp. 438-465; e Francine Patterson ed Eugene Linden, *The Education of Koko*, André Deutsch, London 1981. Sempre inerente alla comunicazione non verbale con i primati non umani, segnalo anche il bel romanzo di Felice Cimatti, *Senza colpa*, Marcos y Marcos, Milano 2010.

3. Antropocentrismi / specismi

[70]Cercando, per esempio, di tracciare fantomatiche tappe genealogiche di tale discriminazione in eventi quali la rottura del matriarcato, la rivoluzione del Neolitico, il processo di domesticazione.

[71]A tal proposito, si veda Paul Martin, *Prehistoric Overkill. Global Model*, in Paul Martin e Richard Klein (a cura di), *Quaternary Extinctions. A Prehistoric Revolution*, University of Arizona Press, Tucson 1989.

[72]Per la nozione di «controintuizionismo epistemico» si faccia riferimento a Lewis Wolpert, *La natura innaturale della scienza*, Dedalo, Bari 1996.

[73]Come peraltro dimostra il pensiero di Martin Heidegger. Scrive il filosofo tedesco in *La questione della tecnica*: «Che cos'è la tecnica? Tutti conoscono le due risposte che si danno alla nostra domanda. La prima dice: la tecnica è un mezzo in vista dei fini. L'altra dice: la tecnica è un'attività dell'uomo. Queste due definizioni della tecnica sono connesse... All'essenza della tecnica appartiene l'apprestare e usare mezzi, apparecchi e macchine, e vi appartengono anche questi apparati e strumenti stessi, come pure i bisogni e i fini a cui essi servono. La totalità di questi dispositivi è la tecnica. Essa stessa è un dispositivo, o in latino, un *instrumentum*. La rappresentazione comune della tecnica, per cui essa è un mezzo e un'attività dell'uomo, può perciò denominarsi la definizione strumentale e antropologica della tecnica», p. 12 (corsivo mio). Visione strumentale della tecnica quale mera tecnologia che reifica qualsiasi produzione umana. Ma la *techne* sembra già *in nuce* in Heidegger, rappresenta un dialogo tra il mondo esterno, a cui l'essere è aperto come essere-nel-mondo, e il soggetto stesso, in una relazione performativa e vincolante. In tale ottica, la *techne* appare come un dispositivo capace di incidere l'uomo, modificandone e ibridandone la corporeità, i predicati e la percettività del mondo esterno. Il partner non umano, sia esso tecnologico o animale, rende l'uomo una realtà referenziabile, in costante bisogno dell'apporto esterno per definire i propri predicati, il proprio essere-nel-mondo.

[74]Per una presentazione della teoria della Gestalt, corrente psicologica sviluppatasi in Germania agli inizi del Ventesimo secolo che ha eletto la percezione quale terreno d'indagine, rimando al testo di Wolfgang Köhler, *La psicologia della Gestalt*, Feltrinelli, Milano 1998.

[75]Già Lorenz, nel saggio *L'altra faccia dello specchio*, aveva sottolineato come i concetti che definiamo «a-priori» possano essere considerati di fatto degli a-posteriori filogenetici, ossia dei nodi ipotetico-deduttivi che, come qualunque dotazione, sono stati selezionati perché apportatori di fitness.

[76]Per la nozione di «fisica ingenua», si faccia riferimento a Paolo Bozzi, *Fisica ingenua. Studi di psicologia della percezione*, Garzanti, Milano 1998.

[77]Bachelard, *La formazione dello spirito scientifico*, Raffaello Cortina, Milano 1995.

[78]Jared Diamond, *Il terzo scimpanzé. Ascesa e caduta del primate Homo sapiens*, Bollati Boringhieri, Torino 1994.

[79]T. Benson, *Lo specchio oscuro. Stereotipi animali e crudeltà umana*, in Silvana Castignone (a cura di), *I diritti degli animali*, Il Mulino, Bologna 1982, pp. 119-133.

[80]Arnold Gehlen, *Antropologia filosofica e teoria dell'azione*, Guida, Napoli 1990.

[81]Bachelard, *La formazione dello spirito scientifico, op. cit.*

[82]Come giustamente sottolineato anche da Ralph Acampora, che in *Fenomenologia della compassione. Etica animale e filosofia del corpo, op. cit.*, prendendo le mosse proprio dalla divisione tra essere/dover essere [*is/ought problem*], mette in luce come essa tenda a dissolversi se evidenziamo quanto i fatti siano già carichi di valore. Scrive Acampora: «Se il fattuale è carico di teoria e se la teoria è carica di valori, allora il fattuale è carico di valori» (p. 108).

[83]Su tali considerazioni, consiglio il bellissimo saggio di John Berger, *Why Look at Animals?*, Penguin Books, London 1980. Tanto breve quanto intenso e profondo nelle tematiche che affronta circa le ragioni del nostro osservare gli animali.

[84]Per Lorenz, *Gli otto peccati capitali della nostra società*, Adelphi, Milano 1977; e per Hans Jonas, *Il principio di responsabilità. Un'etica per la civiltà tecnologica*, Einaudi, Torino 1993.

[85]A tal proposito, si vedano le cosiddette «commedie d'innocenza», analizzate tra l'altro da Marcello Massenzio in *Sacro e identità etnica. Senso del mondo e linee di confine*, Franco Angeli, Milano 2007. Riscontrabili in molte tradizioni culturali, rilevano la criticità della caccia una volta uccisa la preda. In esse, i cacciatori presentano come puramente accidentale o dovuta ai nemici la morte dell'animale, dando vita a rappresentazioni che tentano di ingraziarsi l'anima dell'animale ucciso, in una sorta di espiazione dell'atto commesso.

[86]Paul Shepard, *The Others. How Animals Made us Human*, Island Press/ Shearwater Books, Washington 1996.

[87]Agli inizi del Novecento, a Berlino, un cavallo di nome Hans scatenò una delle controversie scientifiche più accese di tutti i tempi: a detta del suo proprietario il cavallo era in grado di risolvere problemi aritmetici e di mostrare molte altre doti intellettuali ritenute proprie dell'umano. L'intera vicenda è trattata da Vinciane Despret, *Hans. Il cavallo che sapeva contare*, Eléuthera, Milano 2005.

4. *Prometeo ed Epimeteo*

88 A tal proposito, si veda il mito dell'età dell'oro o del paradiso terrestre.

89 Per Arnold Gehlen, l'uomo si caratterizza come essere lasciato incompiuto dall'opera creatrice della natura (secondo il mito prometeico discusso nel capitolo) poiché afferma, ne *L'uomo nell'era della tecnica*, Armando Editore, Roma 2003: «Nietzsche… definì l'"Uomo" come l'"animale non ancora definito". Quest'espressione è esatta, e ha un senso duplice. In primo luogo vuol dire: non sussiste ancora un accertamento di ciò che l'Uomo è propriamente; e, in secondo luogo: l'essere umano è per qualche verso "incompiuto", non "costituito una volta per tutte"» (p. 36). L'uomo, unico animale per Gehlen a essere nato senza uno specifico habitat (*umwelt*), è destinato, per trovare un proprio completamento ontologico, a completarsi per mezzo della «cultura», che diventa così, nella prospettiva del filosofo, *conditio* caratterizzante dell'umano.

90 Attraverso due mosse principali, ovvero *1)* La teoria del progenitore comune, le pretese disgiuntive di derivazione platonica; *2)* Il concetto di specializzazione adattativa, il concetto di *scala naturae*.

91 Vale a dire chi ha paura, nell'ammettere una natura, di negare all'uomo libertà, responsabilità, storia.

92 Henry Thoreau, *Walden, ovvero vita nei boschi*, Rizzoli, Milano 1964.

93 Mi riferisco in particolare ad autori come Stephen J. Gould, del quale segnalo *L'equilibrio punteggiato*, Codice, Torino 2008; Ilya Prigogine, *La nascita del tempo. Le domande fondamentali sulla scienza dei nostri giorni*, Bompiani, Milano 1988; Isabella Stengers (con Ilya Prigogine), *La nuova alleanza. Metamorfosi della scienza*, Einaudi Torino 1999; ed Henri Atlan, *Complessità e disordine e autocreazione del significato*, in Mauro Ceruti e Gianluca Bocchi, *La sfida della complessità*, Bruno Mondadori, Milano 2007, pp. 134-154.

94 Tommaso Moro, *Utopia*, Laterza, Roma-Bari 1990.

95 Dario Antiseri, prefazione a Karl Popper, *La società aperta e i suoi nemici*, Armando, Roma 1973.

96 Battaglia, *Etica e diritti degli animali*, *op. cit.*

97 Si veda per esempio Caffo, *Il maiale non fa la rivoluzione. Manifesto per un antispecismo debole*, *op. cit.*

98 Marchesini, *L'identità del cane*, Apeiron, Bologna 2004. Per una teoria della domesticazione del cane, rimando alle ricerche di Carles Vilà e Robert Wayne, *Multiple and Ancient Origins of the Domestic Dog*, in «Science», 1997, vol. 276, pp. 1687-1689.

99 Il *Great Ape Project* (GAP, *Progetto Grande Scimmia*) nasce nel 1993 con la pubblicazione del testo *The Great Ape Project: Equality Beyond Humanity* (uscito in Italia come *Il Progetto Grande Scimmia. Eguaglianza oltre i confini della specie umana*, Theoria, Roma 1994), volume collettaneo curato dai filosofi Peter Singer e Paola Cavalieri che raccoglie interventi di numerosi studiosi: etologi del calibro di Jane Goodall, Marc Bekoff e Francine Patterson, biologi come Jared Diamond e Richard Dawkins, filosofi come Tom Regan, ma vi sono anche

interventi di psicologi e antropologi. Si tratta di un lavoro interdisciplinare che vede come comune denominatore il ripensamento dello statuto morale delle grandi scimmie: scimpanzé, gorilla, oranghi e bonobo. L'intento perseguito dagli autori è quello di rendere etologia ed etica due piani non più separati e autoreferenziali ma attivamente intrecciati tra loro, e di porre il piano etico come substrato alla stessa ricerca etologica per fare emergere così non più una disciplina il cui compito è quello di indagare il comportamento animale, ma un vero e proprio progetto sociale innovativo. Affermano i curatori nell'introduzione del volume: «Molti saggi cercheranno di capire non solo l'etologia di questi animali, ma anche il loro punto di vista» (p. 2) e tale affermazione si inserisce appieno in quello che stiamo sondando in quest'ultimo capitolo, ovvero il punto di vista animale. Per gli autori, serve un urgente ripensamento della disciplina etologica, della propria metodologia di indagine ma non solo: bisogna allargare il focus e ridefinire le nostre stesse categorie tramite cui pensiamo determinati animali; per far ciò, propongono una «dichiarazione sulle grandi scimmie» per abbracciare nella medesima comunità morale: animali umani, scimpanzé, oranghi e bonobo. Cosa prevede tale dichiarazione? Un riconoscimento a tutti questi esseri di alcuni diritti fondamentali, che sono: *1)* il diritto alla vita - i membri di tale comunità vanno protetti e mai uccisi (eccezione fatta per i casi che riguardano la difesa personale); *2)* il diritto alla libertà individuale - gli appartenenti a tale comunità non devono essere privati della libertà, se ciò avviene tale atto è da considerarsi come un crimine e legalmente punibile; *3)* il diritto a non subire tortura.

[100]Marco Maurizi, *Le parole e le cozze. Saggi di critica antispecista*, *op. cit.*

[101]Caffo, *Il maiale non fa la rivoluzione*, *op. cit.*

[102]Darwin, *L'origine dell'uomo e la scelta in rapporto col sesso*, Casa per Edizioni Popolari, Sesto San Giovanni (Mi) 1933.

[103]Dick, *Ma gli androidi sognano pecore elettriche?*, Fanucci, Roma 2007.

5. *L'umano come frutto ibrido*

[104]Come giustamente sostenuto da Antonio R. Damasio ne *L'errore di Cartesio. Emozione, ragione e cervello umano*, Adelphi, Milano 1995, e in *Emozione e coscienza*, Adelphi, Milano 2000.

[105]Darwin, *L'origine dell'uomo e la scelta in rapporto col sesso*, *op. cit.*

[106]Ernst Mayr, *Un lungo ragionamento. Genesi e sviluppo del pensiero darwiniano*, Bollati Boringhieri, Torino 1993.

[107]Patrick Tort, *Effetto Darwin. Selezione naturale e nascita della società*, Colla Editore, Vicenza 2009.

[108]Marchesini, *Post-human. Verso nuovi modelli di esistenza*, *op. cit.*, p. 32.

[109]A tal proposito, si pensi al concetto di «*exaptation*» proposto di Stephan J. Gould ed Elisabeth Vrba in *Exaptation. Il bricolage dell'evoluzione*, Bollati Boringhieri, Torino 2000. Gli autori definiscono *exaptation* ogni carattere «evolutosi» per altri usi e in seguito «cooptato» per il suo ingaggio attuale (p. 15). Un esempio sono le piume che non nascono per lo scopo del volo ma

per garantire l'equilibrio termico del soggetto. Sono quindi adattamenti per la termoregolazione ed ex adattamenti per il volo.

[110]Nel saggio *Il tramonto dell'uomo. La prospettiva post-umanista*, Dedalo, Bari 2009, ho sottolineato come l'emergenza culturale assomigli all'innamoramento: solo a seguito del processo di infatuazione la persona sente la mancanza del partner, non precedentemente.

6. *Posthuman e critica allo specismo*

[111]Come ho scritto nei saggi *Post-human. Verso nuovi modelli di esistenza, op. cit.* e *Il tramonto dell'uomo. La prospettiva post-umanista, op. cit.*, è forviante chiamare postumaniste queste proposte, perché in realtà s'iscrivono perfettamente nell'umanismo così come lo abbiamo definito nel capitolo precedente.

[112]A tal proposito, si pensi a Derrida, che ne *L'animale che dunque sono, op. cit.* scrive: «"l'Animale", come se tutti i viventi non umani potessero essere raggruppati nel senso comune di questo "luogo comune". L'Animale a prescindere dalle differenze abissali e dai limiti strutturali che separano nella stessa essenza del loro essere, tutti gli "animali", nome che quindi conviene mettere tra virgolette. In questo concetto tuttofare, nel vasto campo dell'animale, al singolare generale, nella stretta morsa dell'articolo determinativo ("l'Animale" e non "degli animali"), sarebbero chiusi, come in una foresta vergine, in un parco zoologico, in un territorio di caccia o di pesca, un terreno di allevamento o in un macello, in uno spazio per l'addomesticamento, tutti i viventi che l'uomo non riconosce come suoi simili, prossimi o fratelli» (p. 73).

[113]Così come, per esempio, esposto da Edward Wilson in *Sociobiology*, Harvard University Press, Cambridge 1974. La spiegazione culturgenetica della sociobiologia nacque con lo scopo di analizzare in modo sistematico le basi biologiche del comportamento attraverso la filogenesi umana. La spiegazione compensativa dell'antropologia filosofica, il cui massimo esponente può essere considerato Arnold Gehlen, tende invece ad allontanarsi dal passato filogenetico proprio della specie *sapiens* in nome dell'importanza fondamentale che ha avuto lo sviluppo cultura-mediato. La cultura, in tale ottica, diverrebbe esonerativa e compensativa di una natura carente *ab origine*.

[114]Il pronome indefinito francese «*autrui*» permette infatti a Lévinas di delineare un «altro metafisico» che distingue dall'«altro ontologico». L'«altro metafisico» è «un altro secondo un'alterità che non è formale, secondo un'alterità che non è un semplice rovescio dell'identità, né di una alterità fatta di resistenza al Medesimo, ma secondo un'alterità anteriore ad ogni iniziativa, ad ogni imperialismo del Medesimo. Altro secondo un'alterità che costituisce proprio il contenuto dell'altro» (Lévinas, *Totalità e infinito. Saggio sull'esteriorità, op. cit.*, p. 36).

[115]Forti sono i debiti che questa impostazione ha contratto con il pensiero ecocentrico e della complessità, e in particolare con autori come Gregory Bateson, Michail Bachtin, Tzvetan Todorov. Per Bateson si faccia riferimento a *Mente e natura. Un'unità necessaria* e *Verso un'ecologia della mente*, entrambi Adelphi, Milano 1977 e 1984. Per Bachtin, *Dostoevskij. Poetica e stilistica*, Ei-

naudi, Torino 2002; e per Todorov, *La conquista dell'America. Il problema dell'altro*, Einaudi, Torino 1998.

[116]Nel senso reciproco di tradizione latina, ossia nel concetto di *hospes*.

[117]Haraway, *Manifesto cyborg. Donne, tecnologie e biopolitiche del corpo*, *op cit.*

[118]Acampora, *Fenomenologia della compassione. Etica animale e filosofia del corpo*, *op. cit.*

[119]Nelle proposte artistiche, per esempio, di Matthew Barney, Daniel Lee e Karin Andersen il corpo dell'uomo si trasforma in una sorta di palcoscenico a uso del protagonismo delle alterità, con un forte decentramento ontologico dall'uomo. Segnalo anche il *Manifesto dell'arte postspecie* dell'artista Degas (Massimo Deganutti) e consultabile al link: www.massimodegas.com/index.php?post-specie-art

[120]Da ricordare la frase pronunciata dal replicante Roy nel film *Blade Runner*: «... Ho visto cose che voi umani non potreste immaginarvi», molto esplicita di questa sensazione decentrativa dell'uomo di fine secolo.

[121]Nel saggio che ho dedicato all'analisi del progetto culturale posthuman ne ho illustrate almeno tre: *1)* L'impostazione transumanista, che attraverso l'ibridazione anela il passaggio a una dimensione oltreumana. *2)* L'impostazione iperumanista o neoumanista, che vede nell'ibridazione un potenziamento delle qualità umane e un maggior dominio sul non umano. *3)* L'impostazione postumanista, che viceversa vede nell'ibridazione la costruzione di un bisogno e una maggiore coniugazione alle alterità non umane, nel senso ospitale di accogliere e farsi accogliere e in una logica di rispetto della loro dignità di soggetti-diversi.

[122]Tra cui le scienze cognitive, il pensiero ecologico, alcune scuole di bioetica animale.

Appendice

[123]Qui Marchesini si riferisce alla polemica nata nel periodo del dibattito (febbraio 2014) dopo l'uccisione di Marius, giraffa di diciotto mesi soppressa dallo zoo di Copenaghen perché considerata un surplus. Uccisione che ha scatenato una forte ondata di protesta e, parallelamente, la presa di posizione di chi, all'interno del movimento per i diritti animali, ha cercato di sottolineare come lo sterminio sistematico di animali da reddito operato dall'industria non susciti così tanto clamore.

Bibliografia

R. Acampora, *Fenomenologia della compassione. Etica animale e filosofia del corpo*, Sonda, Casale Monferrato (Al) 2008.

C. Adams, *The Sexual Politics of Meat. A Feminist-Vegetarian Critical Theory*, Continuum, London-New York 1990, di prossima pubblicazione presso Sonda.

G. Agamben, *L'aperto. L'uomo e l'animale*, Bollati Boringhieri, Torino 2002.

Agamben, *Mezzi senza fine. Note sulla politica*, Bollati Boringhieri, Torino 1996.

M. Andereozzi (a cura di), *Etiche dell'ambiente. Voci e prospettive*, Led, Milano 2012.

D. Antiseri, *Prefazione*, in *La società aperta e i suoi nemici*, di K. Popper Armando, Roma 2002.

Antiseri, *Principi liberali*, Rubettino, Soveria Mannelli (Cz) 2003.

H. Atlan, *Complessità e disordine e autocreazione del significato*, in *La sfida della complessità*, di G. Bocchi e M. Ceruti, Mondadori, Milano 2007, pp. 134-154.

G. Bachelard, *La formazione dello spirito scientifico*, Raffaello Cortina, Milano 1995.

Bachelard, *L'impegno razionalista*, Jaca Book, Milano 2007.

M. Bachtin, *Dostoevskij. Poetica e stilistica*, Einaudi, Torino 2002.

V. Baricalla, *Animali ed ecologia in una rilettura del mondo al femminile*, Perdisa, Bologna 2009.

G. Bateson, *Questo è un gioco. Perché non si può mai dire a qualcuno «Gioca!»*, Raffaello Cortina, Milano 1996.

Bateson, *Verso un'ecologia della mente*, Adelphi, Milano 1984.

Bateson, *Mente e natura. Un'unità necessaria*, Adelphi, Milano 1977.

L. Battaglia, *Etica e animali*, Liguori, Napoli 1998.

M. Bekoff, *Dalla parte degli animali. Etologia della mente e del cuore*, Muzzio, Roma 2003.

T. Benson, *Lo specchio oscuro. Stereotipi animali e crudeltà umana*, in *I diritti degli animali*, di S. Castignone, Il Mulino, Bologna 1982, pp. 119-133.

T. Benton, *Natural Relations. Ecology, Animal Rights and Social Justice*, Verso, New York 1993.

J. Berger, *Why Look at Animals?*, Penguin Books, London 1980.

C. Boggs, *Corporate Power, Ecological Crises and Animal Rights*, in *Critical Theory and Animal Liberation*, di J. Sanbonmatsu (a cura di), Rowman & Littlefield, Lanham 2011, pp. 71-98.

P. Bozzi, *Fisica ingenua. Studi di psiciolgia della percezione*, Garzanti, Milano 1998.

S. Budiansky, *Se un leone potesse parlare. L'intelligenza animale e l'evoluzione della coscienza*, Baldini & Castoldi Dalai, Milano 1998.

L. Caffo, *Adesso, l'animalità*, Graphe, Perugia 2013.

Caffo, *Il maiale non fa la rivoluzione. Manifesto per un antispecismo debole*, Sonda, Casale Monferrato (AL) 2013.

Caffo, *Indistinti nella carne che dunque siamo*, «Asinus Novus. Rivista on line di antispecismo e filosofia», 2012.

M. Calarco, *Zoografie. La questione dell'animale da Heidegger a Derrida*, Mimesis, Milano 2012.

R. Carson, *Silent Spring*, «The New Yorker», New York 1962.

S. Castignone, *I diritti degli animali. Prospettive bioetiche e giuridiche*, Il Mulino, Bologna 1985.

Castignone, *Povere bestie. I diritti degli animali*, Marsilio, Venezia 1997.

P. Cavalieri e P. Singer, *Il Progetto Grande Scimmia. Eguaglianza oltre i confini della specie umana*, Theoria, Roma 1994.

M. Cole, *From «Animal Machines» to «Happy Meat»? Foucault's Ideas of Disciplinary and Pastoral Power Applied to «Animal-Centred» Welfare Discourse*, «Animals», 2011, n. 1, pp. 83-101.

F. Cimatti, *Filosofia dell'animalità*, Laterza, Roma-Bari 2013

Cimatti, *Senza colpa*, Marcos y Marcos, Milano 2010.

A. Damasio, *Emozione e coscienza*, Adelphi, Milano 2000.

Damasio, *L'errore di Cartesio. Emozione, ragione e cervello umano*, Adelphi, Milano 2003.

C. Darwin, *L'espressione delle emozioni nell'uomo e negli animali*, Bollati Boringhieri, Torino 1999.

Darwin, *L'origine dell'uomo e la scelta in rapporto col sesso*, Casa per Edizioni Popolari, Sesto San Giovanni (MI) 1933.

M. Deganutti, *Manifesto dell'arte postspecie*, Roy Batty Editore, Udine 2011.

J. Derrida, *L'animale che dunque sono*, Jaca Book, Milano 2006.

V. Despret, *Hans. Il cavallo che sapeva contare*, Eléuthera, Milano 2005.

Despret, *Quando il lupo vivrà con l'agnello. Sguardo umano e comportamenti animali*, Eléuthera, Milano 2004.

J. Diamond, *Il terzo scimpanzé. Ascesa e caduta del primate Homo sapiens*, Bollati Boringhieri, Torino 1994.

P. K. Dick, *Ma gli androidi sognano pecore elettriche?*, Fanucci, Roma 2007.

Dick, *Ubik*, Fanucci, Roma 1998.

G. Ditadi, *I filosofi e gli animali*, Insonnia, Este (Pd) 1994.

U. Fadini, *La vita eccentrica. Soggetti e saperi nel mondo della rete*, Dedalo, Bari 2009.

Fadini, *Sviluppo tecnologico e identità personale. Linee di antropologia della tecnica*, Bari, Dedalo 2000.

M. Filippi, *Natura infranta*, Ortica, Aprilia (Lt) 2013.

M. Filippi, Massimo e F. Trasatti, *Crimini in tempo di pace. La questione animale e l'ideologia di dominio*, Eléuthera, Milano 2013.

G. Gallup, *Chimpanzees. Self-recognition*, «Scienze», 1970, n. 167, pp. 86-87.

A. Gehlen, *Antropologia filosofia e teoria dell'azione*, Guida, Napoli 1990.

Gehlen, *L'uomo nell'era della tecnica. Problemi socio-psicologici della civiltà industriale*, Sugar, Milano 1967.

P. Gilardi (a cura di), *Paesaggi del corpo-ambiente/Body-Nature Landscapes*, Atti Pav, Parco D'Arte Vivente, Venti Editore, Torino 2011.

S. J. Gould, *L'equilibrio punteggiato*, Codice, Torino 2008.

S. J. Gould ed E. S. Vrba, *Exaptation. Il bricolage dell'evoluzione*, Bollati Boringhieri, Torino 2008.

D. Griffin, *L'animale consapevole*, Bollati Boringhieri, Torino 1979.

D. Haraway, *Manifesto cyborg. Donne, tecnologie e biopolitiche del corpo*, Feltrinelli, Milano 1995.

R. Harrison, *Animal Machine*, Vincent Stuart Publishers, London 1964.

M. Heidegger, *Concetti fondamentali della metafisica. Mondo, finitezza, solitudine*, Il Nuovo Melangolo, Genova 1993.

Heidegger, *La questione della tecnica*, in *Saggi e discorsi*, Mursia, Milano 1976, pp. 5-26.

Heidegger, *Lettera sull'«umanismo»*, Adelphi, Milano 1995.

M. Horkheimer, *Crepuscolo. Appunti presi in Germania (1926-1931)*, Einaudi, Torino 1977.

M. Horkheimer e T. Adorno, *Dialettica dell'illuminismo*, Einaudi, Torino 1980.

M. Joy, *Perché amiamo i cani, mangiamo i maiali e indossiamo le mucche. Un'introduzione al carnismo e un processo alla cultura della carne e alla sua industria*, Sonda, Casale Monferrato (AL) 2012.

W. Köhler, *La psicologia della gestalt*, Feltrinelli, Milano 1998.

T. Kuhn, *La struttura delle rivoluzioni scientifiche*, Einaudi, Torino, 2009.

E. Lévinas, *Totalità e infinito. Saggio sull'esteriorità*, Jaca Book, Milano 1980.

L. Lombardi Vallauri, *Testimonianze, tendenze, tensioni nel diritto animale vigente*, in S. Castignone, L. Lombardi Vallauri «La questione animale. Trattato di biodiritto», collana diretta da S. Rodotà e P. Zatti, Giuffrè, Milano 2013, pp. 249-266.

Lombardi Vallauri, *Animali: istruzioni per il non uso*, in F. Lucrezi, F. Mancuso, «Diritto e vita. Biodiritto, bioetica, biopolitica», Rubbettino, Soveria Mannelli 2010, pp. 527-539.

K. Lorenz, *L'etologia. Fondamenti e metodi*, Bollati Boringhieri, Torino 1980.

J. Lovelock, *The Ages of Gaia. A Biography of Our Living Earth*, Oxford University Press, Oxford 1988.

A. Manzoni, *Il direzione contraria. Pensieri, parole e passioni dalla parte degli animali*, Sonda, Casale Monferrato (AL) 2009.

R. Marchesini, *A Cognitive-relational Approach to Animal Expression: Revisiting Cognitive Paradigms*, «Methode. Analytic Perspective», 2013, vol. 2, pp. 156-171.

Marchesini, *Antropodecentramento e ibridazioni. Progetto Posthuman e profilatura identitaria*, «MeTis. Mondi educativi. Temi, indagini e suggestioni», 2013, n. 1.

Marchesini, *Fondamenti di zooantropoloiga. Zooantropologia applicata*, Alberto Perdisa Editore, Bologna 2005.

Marchesini, *Il concetto di soglia. Una critica all'antropocentrismo*, Theoria, Roma 1996.

Marchesini, *La fabbrica delle chimere. Biotecnologie applicate agli animali*, Bollati Boringhieri, Torino 1999.

Marchesini, *L'identità del cane*, Apeiron, Bologna 2004.

Marchesini, *Lo spazio incerto della violenza. Riflessioni sul rapporto preda/predatore*, «Liberazioni. Rivista di critica antispecista», 2013, vol. 14, pp. 38-43.

Marchesini, *Modelli cognitivi e comportamento animale: coordinate d'interpretazione e protocolli applicativi*, Edizione Eva, Isernia 2011.

Marchesini, *Poetiche postumaniste*, in *Metthew Barney. Polimorfismo, multimodalità, neobarocco*, di N. Dusi e C. Saba, Silvana Editore, Milano 2012, pp. 221-227.

Marchesini, *Post-human. Verso nuovi modelli di esistenza*, Bollati Boringhieri, Torino 2002.

Marchesini, *Il tramonto dell'uomo. La prospettiva postumanista*, Bari, Dedalo 2009.

Marchesini, *Riflessioni per una filosofia postumanista*, «Bioetica & Società», vol. 1-2, 2012, pp. 38-47.

Marchesini, *Intus-legere. La pluralità cognitiva nelle diverse specie*, in «Emotività animali. Ricerche e discilpline a confronto», di M. Andreozzi, S. Catignone, A. Massaro, , Milano 2013.

R. Marchesini e L. Caffo, *Così parlò il postumano*, Novalogos, Aprilia (Lt) 2014.

R. Marchesini e K. Andersen, *Animal appeal. Uno studio sul teriomorfismo*, Hybris, Bologna 2003.

R. Marchesini e S. Tonutti, *Manuale di zooantropologia*, Meltemi, Roma 2007.

P. Martin, *Prehistoric Overkill. The Global Model*, in *Quaternary Extinctions: A Prehistoric Revolution*, di R. Klein e P. Martin, University of Arizona Press, Tucson 1984, pp. 553-573.

D. Martinelli, *A Critical Companion to Zoosemiotics. People, Paths, Ideas*, Springer, London-New York 2010.

J. Mason, *Un mondo sbagliato. Storia della distruzione della natura, degli animali e dell'umanità*, Sonda, Casale Monferrato (Al) 2007.

M. Massenzio, *Sacro e identità etnica. Senso del mondo e linee di confine*, Franco Angeli, Milano 1994.

M. Maurizi, *Al di là della natura. Gli animali, il capitale e la libertà*, Novalogos, Aprilia (Lt) 2012.

Maurizi, *Le parole e le cozze. Saggi di critica antispecista*, Lulu, Roma 2013.

Maurizi, *Asinus Novus. Lettere dal carcere dell'umanità*, Ortica, Aprilia (Lt) 2012.

E. Mayr, *Un lungo ragionamento. Genesi e sviluppo del pensiero darwiniano*, Bollati Boringhieri, Torino 1993.

T. Moro, *Utopia*, Laterza, Roma-Bari 1990.

T. Nagel, *Che cosa si prova ad essere un pipistrello?*, Castelvecchi, Roma 2013.

D. Nibert, *Animal Oppression and Human Violence. Domesecration, Capitalism, and Global Conflict*, Columbia University Press, New York 2013.

Nibert, *Animal Rights/Human Rights: Entanglements of Oppression and Liberation*, Rowman & Littlefield Publishers, Maryland 2002.

F. Patterson, *Conversation with a Gorilla*, «National Geographic», ottobre 1978, n. 145, pp. 438-465.

F. Patterson ed E. Linden, *The Education of Koko*, André Deutsch, London 1981.

G. Pico della Mirandola, *De hominis dignitate*, Scuola Normale Superiore di Pisa, Pisa 2012.

K. Popper, *Logica della scoperta scientifica. Il carattere autocorrettivo della scienza*, Einaudi, Torino 1998.

V. Potter, *Bioethics. Bridge to the future*, Prentice-Hall, New Jersey 1971.

I. Prigogine, *La nascita del tempo. Le domande fondamentali sulla scienza dei nostri giorni*, Bompiani, Milano 1996.

T. Regan, *La mia lotta per i diritti animali*, Garzanti, Milano 2005.

Regan, *Gabbie vuote. La sfida dei diritti animali*, Sonda, Casale Monferrato (AL) 2009[2].

D. Reiss, *The Dolphin in the Mirror. Exploring Dolphin Minds and Saving Dolphin Lives*, Houghton Mifflin Harcourt, New York 2011.

H. Reusch, *Imperatrice nuda. Una denuncia contro la crudele pratica della vivisezione*, Garzanti, Milano 1981.

R. M. Rilke, *Elegie duinesi*, Dalai Editore, Milano 2007.

R. Ryder, *Speciesism*, in *On the Side of Animals: Some Contemporary Philosopher's Views*, di RSPCA, 1996.

S. Rodotà, *Il diritto di avere diritti*, Laterza, Roma-Bari 2012.

B. E. Rollin, *Il lamento inascoltato. La ricerca scientifica di fronte al dolore e alla coscienza degli animali*, Sonda, Casale Monferrato (AL) 2011.

B. Sax, *Imaginary Animals. The Monstrous, The Wondrous and the Human*, Reaktion Books LTD, London, 2013.

J. Sanbonmatsu (a cura di), *Critical Theory and Animal Liberation*, Rowman & Littlefield Publishers, Maryland 2011.

P. Shepard, *The Others. How Animals Made us Human*, Island Press/Shearwater Books, Washington 1996.

P. Singer, *Liberazione animale*, Il saggiatore, Milano 1991.

I. Stenger e I. Prigogine, *La nuova alleanza. Metamorfosi della scienza*, Einaudi, Torino 1999.

H. D. Thoreau, *Walden, ovvero vita nei boschi*, Rizzoli, Milano 1964.

T. Todorov, *La conquista dell'America. Il problema dell'altro*, Einaudi, Torino 1998.

S. Tonutti, *Diritti animali. Storia e antropologia di un movimento*, Forum, Udine 2007.

P. Tort, *Effetto Darwin. Selezione naturale e nascita della civiltà*, Angelo Colla Editore, Vicenza 2009.

C. Vilà e R. Wayne, *Multiple and Ancient Origins of the Domestic Dog*, «Science», vol. 276, 1997, pp. 1.687-1.689.

Z. Weisberg, *The Broken Promises of Monsters: Haraway, Animals and the Humanist Legacy*, «Journal for Critical Animal Studies», vol. VII, 2009, pp. 22-62.

E. Wilson, *Sociobiology*, Harvard University Press, Cambridge 1973.

L. Wittgenstein, *Ricerche filosofiche*, Einaudi, Torino 1993.

Wittgenstein, *Tractatus logico-philosophicus e Quaderni 1914- 1916*, Einaudi, Torino 1998.

L. Wolper, *La natura innaturale della scienza*, Dedalo, Bari 1996.

L'autore

Roberto Marchesini (Bologna 1959) è un filosofo, etologo e zooantropologo italiano, direttore del Centro Studi Filosofia Postumanista e della Scuola di Interazione Uomo-Animale (SIUA).

Ha all'attivo oltre un centinaio di pubblicazioni e tiene conferenze in tutto il mondo sul rapporto uomo-animale. Dirige inoltre le riviste «Animal Studies. Rivista italiana di antispecismo» (Novalogos) e «Zooanthropology. The International Journal of Human-Animal Relationship» (Cambridge Scholars & Publishing).

Tra i suoi lavori: *Post-human. Verso nuovi modelli di esistenza* (Bollati Boringhieri 2002) e *Il tramonto dell'uomo. La prospettiva postumanista* (Dedalo 2009). Per le Edizioni Sonda ha curato i dizionari bilingue *Italiano/Gatto* (2009), *Italiano/Cane* (2010), ed è autore di *Bambino/Cane* (2010) e di *Bambino/Gatto* (2011).

Nel 2013 è uscita la sua autobiografia *Ricordi di animali* (Mursia). I suoi lavori sono tradotti in inglese, francese, spagnolo, tedesco e portoghese.

Ringraziamenti

Sono molte le persone che a vario titolo hanno contribuito alla realizzazione di questo lavoro. Vorrei ringraziare: Eleonora Adorni, Marco Maurizi, Leonardo Caffo, Stefano Rodotà, Boria Sax, Ubaldo Fadini, Luigi Lombardi Vallauri, i miei figli Alice, Bianca, Riccardo, Lorenzo e Sabrina Golfetto. Credo fortemente che per conoscere l'uomo occorre sciacquare i panni dell'umano nell'Arno della biodiversità, quindi un ringraziamento particolare lo voglio rivolgere ai tanti animali incontrati in questi anni e che hanno cambiato il mio modo di pensare.